부자의 인간관계

HITO TO OKANE
by Hitori SAITO
© Hitori SAITO 2013, Printed in Japan
Korean translation copyright © 2015 by Dasan Books Co., Ltd.
First published in Japan by Sunmark Publishing, Inc.
Korean translation rights arranged with Sunmark Publishing, Inc.
through Imprima Korea Agency

이 책의 한국어판 저작권은 Imprima Korea Agency를 통해 Sunmark Publishing, Inc.와의 독점계약으로 다산북스에 있습니다. 저작권법에 의해 한국 내에서 보호를 받는 저작물이므로 무단전제와 무단복제를 금합니다.

부자의
인간관계

좋은 사람에게 돈이 모이게 하는 법

사이토 히토리 지음
김지영 옮김

프롤로그

〈좋은 사람〉일수록 꼭 갖춰야 하는 것, 사람과 돈

이 책은 모든 사람이 가장 알고 싶어 하는 내용을 담고 있습니다.

세상에는 〈좋은 사람〉이라 불리는 사람이 있습니다. 상냥하고 누구에게나 친절하면서 어려운 사람을 보면 참지 못하는 사람, 즉 사랑하는 마음을 갖고 있는 훌륭한 사람입니다.

하지만 '이런 사람이 모두 성공하는가?'를 따진다면, 안타깝게도 꼭 그렇지는 않습니다.

그런데 바로 여기에 신이 내려준 메시지가 있습니다. 그게 무엇이냐고요? '〈좋은 사람〉이라 불리게 만드는 그 부분

니다.

돈 문제와 인간관계. 이 두 가지를
울 것이 없습니다. 이 두 가지를
을 거머쥘 수 있으니까요.

그렇다고 〈좋은 사람〉 노릇을
다. 사실 이 책은 〈좋은 사람〉이
고 있습니다. 즉, '나쁜 사람은 한
로 하는 이야기입니다.

사실 저는 〈좋은 사람〉이야
어야 한다고 생각합니다. 〈좋
면 좋은 일에 쓸 테니까요.

변변찮은 사람에게 돈이 모이
테고요.

또한, 돈이 없으면 사랑하는
와주기가 어렵습니다. 사랑하는
그저 두고 보는 일만큼 〈좋은 사
없을 거라 생각합니다.

그러니까 〈좋은 사람〉인 여러분, 꼭 성공해서 부자가 되세요. 세상의 〈좋은 사람〉들이 성공해서 행복해지는 것, 저에게는 그것이 가장 큰 기쁨입니다.

사이토 히토리

차 례

프롤로그 〈좋은 사람〉일수록 꼭 갖춰야 하는 것, 사람과 돈 4

1부 **부자의 돈**
"착하게 살았는데 왜 돈이 안 모일까?"

1장   [오 류] "돈이 모이지 않는 이유를 생각하세요."
- 01   돈 때문에 힘들다면 〈오류〉를 깨달으라는 뜻 15
- 02   지금은 누구나 돈을 배워야 하는 시대 17
- 03   임시 수입은 신의 또 다른 테스트다 21
- 04   큰돈이 생겨도 저축은 필수다 25

2장   [흐 름] "돈을 계속 흐르게 해야 합니다."
- 05   적자를 내는 버릇부터 없앤다 29
- 06   지출을 줄이려는 노력이 장사의 승패를 결정한다 31
- 07   정당한 대가로 받는 돈은 감사히 받는다 36
- 08   돈을 줄 때는 상대의 행복을 빌어준다 38

3장   [욕 심] "정당한 욕심을 키우세요."
- 09   돈에 대해 진지해질수록 더 많은 돈을 끌어당긴다 41
- 10   〈돈 버는 이야기〉를 불편해하지 않는다 44
- 11   정당한 욕심은 행복을 가져다준다 48
- 12   명예를 원하면 돈을 잃는다 52

2부 부자의 성공

"열심히 하는데 왜 결과가 안 좋을까?"

4장 [재 미] **"좋은 것에 유머를 더하세요."**
- 13 재미가 없는 성공은 불가능하다 59
- 14 나를 성장시키는 즐거운 경쟁을 한다 62
- 15 〈황금의 원 패턴〉을 포착한다 66
- 16 늘 하고 있는 일을 스스로 칭찬한다 70

5장 [속 도] **"새로운 것을 두 배로 빨리하세요."**
- 17 새로운 것이 있으면 누구보다 빨리한다 75
- 18 '좀 쉴까'라고 생각하는 순간, 위험해진다 78
- 19 일에 있어서는 빠른 것만으로 합격이다 81

6장 [행 동] **"자주적으로 움직이세요."**
- 20 행운을 잡는 사람들의 가장 두드러진 특징 85
- 21 최선을 다해야 하는 때는 언제나 지금이다 89
- 22 자존감이 높을 때 도전도 쉬워진다 91
- 23 상식에서 벗어나면 운이 좋아진다 94

3부 부자의 인간관계

"친절하게 대하는데 왜 관계가 꼬일까?"

7장 [자신감] "〈벌벌 떠는 파동〉을 내지 마세요."
- 24 선에 강해지려면 악에도 강해져야 한다 99
- 25 거드름을 피우지 말되 무시를 당해서도 안 된다 103
- 26 나와 맞지 않는 사람에게까지 상냥할 필요는 없다 106
- 27 상담도 잘못하면 마이너스다 109
- 28 '당당함'도 상대에 대한 서비스다 112

8장 [변 화] "남보다 나를 바꾸려 하세요."
- 29 '사람은 변하지 않는다'고 각오하면 편하다 115
- 30 '착하다'고 해주면 행동이 달라진다 118
- 31 내 주위에 〈좋은 사람〉만 남기는 비법 121
- 32 좋다, 나쁘다가 아닌 '회색지대'를 인정한다 124
- 33 부모와 자식은 서로를 모르는 게 당연하다 126

9장 [재 능] "단점을 재능화하세요."
- 34 좀 모자란 면이 있을 때 사랑받는다 129
- 35 상투적인 답변에서 벗어난다 132
- 36 '단점'이라고 여긴 것이 '재능'이다 134
- 37 핸디캡은 갈고닦을수록 보물이 된다 136

부자의
인간관계

좋은 사람에게 돈이 모이게 하는 법

사이토 히토리 지음
김지영 옮김

프롤로그

〈좋은 사람〉일수록 꼭 갖춰야 하는 것, 사람과 돈

이 책은 모든 사람이 가장 알고 싶어 하는 내용을 담고 있습니다.

세상에는 〈좋은 사람〉이라 불리는 사람이 있습니다. 상냥하고 누구에게나 친절하면서 어려운 사람을 보면 참지 못하는 사람, 즉 사랑하는 마음을 갖고 있는 훌륭한 사람입니다.

하지만 '이런 사람이 모두 성공하는가?'를 따진다면, 안타깝게도 꼭 그렇지는 않습니다.

그런데 바로 여기에 신이 내려준 메시지가 있습니다. 그게 무엇이냐고요? '〈좋은 사람〉이라 불리게 만드는 그 부분은 그대로 살리되 덧붙여 배워야만 하는 것이 있다'는 뜻이지요.

그렇다면, 더 배워야만 하는 것이란 무엇일까요? 여기에는 두 가지가 있습니다.

하나는 '돈 문제(경제)'입니다.

〈좋은 사람〉인데 돈을 못 벌고 있다는 것은 당신이 '잘될 거라 생각해서 해왔던 어떤 일에 〈오류〉가 있었다'는 뜻입니다.

그럼, 이제부터 그 〈오류〉를 고쳐나가 봅시다. 그럼으로써 돈의 흐름이 좋아질 것입니다.

또 하나 배워야만 하는 것은 '인간관계'입니다.

〈좋은 사람〉은 착하기 때문에 이 세상 모든 사람에게 상냥하게 대하는 게 좋다고 생각합니다만, 꼭 그렇지는 않습니다.

당신의 에너지를 뺏으려는 사람이나 당신을 깔보고 만만하게 대하는 사람에게까지 착할 필요는 없습니다. 또, 그런 사람에게까지 미움받지 않기 위해서 〈벌벌 떠는 파동〉을 낼 필요도 없습니다.

당신은 그저 파장이 맞는 사람하고만 즐겁게 지내면 됩

니다.

돈 문제와 인간관계. 이 두 가지를 확실히 알면 앞으로 두려울 것이 없습니다. 이 두 가지를 깨달은 사람이야말로 성공을 거머쥘 수 있으니까요.

그렇다고 〈좋은 사람〉 노릇을 관둘 필요까지는 없습니다. 사실 이 책은 〈좋은 사람〉이 읽는다는 것을 전제로 하고 있습니다. 즉, '나쁜 사람은 한 사람도 없다'는 것을 전제로 하는 이야기입니다.

사실 저는 〈좋은 사람〉이야말로 성공해서 부자가 되어야 한다고 생각합니다. 〈좋은 사람〉에게 돈이 모이면 좋은 일에 쓸 테니까요.

변변찮은 사람에게 돈이 모이면, 변변찮은 일에 돈을 쓸 테고요.

또한, 돈이 없으면 사랑하는 사람이 힘들고 아파할 때 도와주기가 어렵습니다. 사랑하는 사람이 힘들어하는 것을 그저 두고 보는 일만큼 〈좋은 사람〉에게 있어 괴로운 일은 없을 거라 생각합니다.

4부 부자의 운

"실력이 늘었는데 왜 더 이상 안 올라갈까?"

10장 [운 세] **"좋은 것은 따라 하고, 널리 퍼뜨리세요."**
- 38 다른 사람의 성공을 그대로 따라 한다 143
- 39 좋은 것을 퍼뜨릴 때 '행복의 도미노'가 생긴다 146
- 40 마음 한가운데 있는 '나'를 버린다 148
- 41 '나'보다 '모두'를 우선시할 때 사랑받는다 150
- 42 최고의 친절이란, 상대가 알기 쉽게 만드는 것 152

11장 [긍 정] **"항상 기분 좋은 상태를 유지하세요."**
- 43 걱정은 방어 본능에 불과하다 155
- 44 부정적인 말은 에너지를 빼앗는다 158
- 45 우울한 생각은 '나쁜 영'을 끌어당긴다 162
- 46 운을 좋게 만들려면 '마음'부터 돌아본다 167

12장 [매 력] **"〈나에게 있는 것〉에 집중하세요."**
- 47 매력을 드러낼수록 운이 좋아진다 171
- 48 부인이 아름다워지면 '가정의 운'이 좋아진다 176
- 49 타고난 게 별로일수록 가능성은 무한해진다 179
- 50 〈나에게 있는 것〉으로 무엇을 할 수 있을지 고민한다 183

부 록 사람과 돈을 끌어당기는 마법의 말 185

1부

부자의 돈

"착하게 살았는데 왜 돈이 안 모일까?"

1장

오류

"돈이 모이지 않는 이유를 생각하세요."

01
돈 때문에 힘들다면
〈오류〉를 깨달으라는 뜻

이 세상에는 '돈에게 사랑받는 사람'이 있습니다. 이런 사람은 무슨 일을 하더라도 계속해서 성공하고 끝내 돈까지 끌어옵니다. 즉, 무엇을 시작하더라도 주위로부터 응원을 받고, 자연스럽게 돈을 끌어당기는 사람이지요.

그런가 하면, 반대로 돈 때문에 항상 힘든 사람도 있습니다. 그런데 이런 사람은 늘 여러 가지 핑계를 댑니다.

"정말 열심히 일하는데, 임금은 전혀 오르지 않네."

"기껏 독립했더니만, 비품이랑 내부 인테리어 하는 데 돈을 다 써버렸잖아."

"돈을 모아도 병이 나고 문제가 계속 터지니, 그때마다 돈이 나가네."

"형제자매랑 자식들이 돈 때문에 힘들다고 매번 나에게만 의지하려 하니, 도와줄 때마다 돈을 다 써버리잖아."

돈 때문에 힘든 사람들은 이런 말도 자주 합니다.

"나는 늘 좋은 일을 하는 데다 일도 열심히 한다고! 그런데 왜 돈이 안 모일까?"

그렇다면, 도대체 왜 돈 때문에 힘든 걸까요? 바로, 거기에 신이 주는 메시지가 있습니다.

"당신이 하고 있는 일에 뭔가 〈오류〉가 있다는 걸 깨달으세요."

신은 매우 친절해서 당신을 이유 없이 힘들게 하지는 않습니다. 따라서 당신이 하고 있는 〈오류〉를 깨닫고 그것을 고치면, 돈이 순조롭게 흘러들어올 것입니다.

그러니 돈 때문에 힘들다면, 부디 하루라도 빨리 당신이 저지르고 있는 그 〈오류〉를 깨닫는 게 좋습니다.

02
지금은 누구나
돈을 배워야 하는 시대

얼마 전, '히토리 씨 팬 모임 가게'에서 한 팬이 이런 질문을 했습니다.

"뉴스를 보다 보면 국제 정세가 불안해서 앞으로 전쟁이 일어날까 봐 걱정돼 죽겠어요."

저는 그분께 이렇게 말했습니다.

"앞으로 닥칠 시대에 전쟁은 안 일어납니다. 왜냐하면 각 시대마다 '배워야 하는 테마'라는 게 있기 때문이죠.

예를 들어 학교 시간표를 보면 1교시는 '사회', 2교시는 '과학', 3교시는 '수학'······. 이런 식으로 시간마다 과목이 바뀌지 않나요?

마찬가지로 '전쟁의 시간'은 20세기에 이미 끝났습니다. 그래서 신은 이미 '다음 숙제'를 내려주었답니다. 그러니까, 전쟁 걱정을 하고 있느니 '지금 해야 하는 숙제'를 확실하게 하는 편이 낫습니다."

그렇다면, 지금 해야 하는 숙제란 무엇일까요? 그건 '돈 문제에 대한 공부'입니다.

돈 문제를 어떤 식으로 공부하면 좋을지는 입장이나 상황에 따라 다릅니다.

예를 들어, 저는 '마루칸'이라는 회사의 사장입니다. 사장이라는 자리는 아무리 경기가 어렵다 해도 직원들 모두가 먹고살 수 있는 방법을 모색해야 합니다.

만약 당신이 직장에 다니고 있다면, 지금까지는 월급 150만 원으로 생활해왔던 것을 앞으로는 130만 원으로도 가능하게 머리를 쥐어짜고, 나머지 20만 원은 저축을 하는 게 좋겠지요.

당신이 노숙자라면 음식을 받기 쉬운 장소로 이동하거나, 빈 깡통 혹은 종이상자를 모아서 파는 등 조금이라도 돈을 벌 수 있는 일을 찾아 어떻게든 근근이 생활을 이어가는 게 좋겠고요.

이런 것이 바로 그 사람에게 주어진 돈 문제라 할 수 있습니다.

전쟁의 시대에는 총리부터 생활이 힘든 사람까지, 모두 똑같이 폭탄이나 총알을 맞았습니다.

하지만 이제는 시대가 변해서 '돈의 시대'가 되었죠. 따라서 총리든, 사장이든, 월급쟁이든, 노숙자든 경제를 생각해야만 합니다.

그럼, 이런 시대에 속이 가장 편한 사람은 누구일까요? 바로 '돈 문제를 공부할 필요가 있다'는 사실을 이미 알아챈 사람입니다.

만약 이걸 알아채고 본인의 돈을 확실하게 관리까지 한다면, 신은 당신에게 '잘했다'는 뜻의 동그라미를 쳐줄 것입니다.

아시겠나요? 앞으로의 시대에는, 여러분이 좋든 싫든 돈을 배워야만 합니다.

이전 시대까지만 해도 가사와 일을 병행하고 있는 여성이라면 '일을 대신할 것은 얼마든지 있지만, 남편을 대신할 것은 없다.'라고 생각했죠.

하지만 앞으로의 시대에는 그 반대입니다. '남편을 대신할 것은 얼마든지 있지만, 일을 대신할 것은 없다.' 극단적인 생각 같지만, 실제로 이런 시대가 오고야 말았답니다.

우리는 흔히 여성들이 남자 친구에게 "내가 중요해, 일이 중요해?"라고 압박하는 장면을 보곤 합니다. 예전에는 이럴 때 남자가 "으응……." 하고 고민하며 입을 다물었죠.

하지만 앞으로의 시대에서는 남자가 바로, "일이지!" 하고 대답하게 될 것입니다. 가정을 지키고 살아남기 위해서는 일에 목숨을 걸 수밖에 없으니까요.

그러니까 여자 친구도 그렇게 바보 같은 말로 떼를 쓰면 안 됩니다. 그랬다가는 '이런 여자랑은 헤어지고 다른 여자랑 사귀는 편이 낫겠어.' 하며, 남자가 여자를 포기하게 만드는 시대가 되어버렸거든요. 즉, 지금까지 옳다고 생각한 것이 바뀌고 있는 겁니다.

앞으로 100년간은 이런 시대가 될 것입니다. 그래서 '경제치'로 살면 안 됩니다. 노래를 못하는 음치는 용서받아도, **경제를 모르는 경제치**가 돼서는 안 됩니다. 왜냐하면 그런 시대가 왔으니까요.

03
임시 수입은 신의 또 다른 테스트다

'돈에 약한 사람'은 돈이 들어오면 너무나 기쁜 나머지 펑펑 써버립니다.

그런데 사실 이를 정말로 조심해야 합니다.

이런 사람들은 지금까지 돈으로 고생했던 나날을 떠올리며, 그동안 사고 싶은 게 있어도 제대로 사지 못했던 서러움에 감정이 북받쳐 필요도 없는 물건에 돈을 써버립니다.

하지만 이건 〈잘못〉입니다. 그랬다가는 신이 '당신은 아직 돈에 관한 배움이 부족한 것 같군.' 하며 모처럼 들어온 돈을 몰수해버리는 일이 생깁니다. 그러면 또 돈 때문에 쪼들리는 생활이 이어지는 것이지요.

저에게는 누님이 있습니다. 착하고 솔직한 누님이지만, 누님이 결혼하고부터는 돈 때문에 고생스러운 일이 계속 터졌습니다. 매형이 몇 번이나 입원을 하는 바람에 입원비로 돈이 금세 다 나가버렸거든요. 그래서 누님은 허리띠를 바짝 졸라매야 했습니다.

그러던 어느 날, 누님 집 근처에 '당나귀빵'이 왔습니다. 당나귀빵이 뭐냐고요? 젊은 친구들은 잘 모르겠지만, 예전에는 경쾌한 음악을 튼 채 여러 가지 빵을 팔러 오는 차가 있었답니다. 그리고 그보다 더 옛날에는 진짜 당나귀가 빵을 실은 수레를 끌고 다녔다고 합니다.

여하튼 이 당나귀빵이 오면 동네 아이들이 한꺼번에 집에서 뛰어나와 부모를 졸라 빵을 사 먹곤 했습니다.

당연히 누님도 자식들에게 빵을 사주고 싶었지만, 당시에는 빵 한 개도 살 여유가 없었습니다. 그래서 집 근처에 당나귀빵 차가 와서 음악을 틀면, 음악을 듣지 않으려고 일부러 그보다 더 큰 소리로 노래를 불렀다고 합니다. 그만큼 그 상황이 견딜 수 없었던 것이겠죠.

그런 누님이 제 일을 도와주게 되었고, 어느 정도 수준의 급료를 받게 되었습니다.

그 후 당나귀빵 차가 다시 찾아왔습니다. 누님은 이 기회를 놓칠세라 달려 나가 당나귀빵 차에 산더미같이 쌓인 빵을 전부 사버렸다고 합니다.

당연히 차 한 대분의 빵을 자기 가족이 다 먹을 수는 없었죠. 그래서 먹고 남은 빵을 동네 사람들에게 나눠주러 돌아다녔다고 합니다.

이 이야기를 듣고 저는 이렇게 말했습니다.

"누님, 그건 〈잘못〉한 거예요."

얼핏 생각하면 이 일화가 '마음이 따뜻해지는 좋은 이야기'로 들릴지도 모릅니다만, 저는 이렇게 설명했습니다.

"누님, 전쟁이 끝난 직후처럼 먹을 게 제대로 없을 때라면, 자기한테 생긴 돈으로 먹고살기 힘든 사람들에게 빵을 나눠주는 건 좋은 일이죠.

하지만 잘 생각해보세요. 지금 누님 동네에 못 먹어서 힘든 사람은 없어요. 빵 한 개도 못 살 형편은 누님뿐이에요.

이건 신이 누님한테 '돈의 수업'을 받게 한 거라고요. 신이 누님에게 '이 사람에게 돈을 주면 어떻게 쓸까?'라고 〈**시험문제**〉를 내렸다는 걸 잊지 마세요.

그러니까, 어쩌다 한 번 돈이 들어왔다고 해서 다 먹지도

못할 만큼의 빵을 살 필요는 없어요."

누님은 마음이 열려 있는 분이라, 제 말을 다 받아들였습니다.

제가 이 이야기를 통해 하고 싶은 말은, 지금까지 돈 때문에 힘들었던 사람에게 잠깐 돈이 생기는 건 당신에게 있어 신의 〈시험문제〉라는 것입니다.

즉, 신이 '이 사람에게 돈을 주면 뭘 할까?' 하는 생각으로 지켜보고 있는 겁니다.

자기에게 필요한 것을 사는 건 괜찮습니다. 하지만 필요 없는 것까지 사면 안 됩니다. 자기에게 필요 없는 것까지 사면 분명히 그 돈을 신이 도로 가져가버리는 일이 생깁니다. 이 원칙을 절대 잊지 마시길 바랍니다.

04
큰돈이 생겨도 저축은 필수다

돈이 없을 때는 바짝 긴축 생활을 했는데, 돈이 들어오면 손바닥 뒤집듯 사치스러운 생활을 하는 사람이 있죠.

신은 이런 사람을 똑똑히 지켜보고 있습니다. 그가 어떻게 하냐에 따라 다시 한 번 '가난 수행'으로 돌려보낼 필요가 있으니까요.

돈이 들어오면 우선 '저축'부터 해야 합니다. '돈의 흐름'이라고 하는 것에는 반드시 '변동'이 있기 때문이죠.

세상은 '늘 변하는 것'입니다. 따라서 지금의 상태는 절대 계속되지 않습니다. 분명히 흐름이 변할 때가 오는데, 이때 그 흐름을 넘어서기 위해서는 저축이 꼭 필요합니다.

예를 들어 한 무명작가가 책을 썼는데 갑자기 베스트셀러가 되어 생각지도 않은 큰 액수의 인세가 들어왔다고 칩시다.

바로 이때가 마음이 흔들리더라도 '앞으로 일어날 일'을 확실히 염두에 둬야 하는 시점입니다. 결국 다음 해에 거액의 세금이 청구될 것이고, 그다음 책이 또 베스트셀러가 될 거라는 보장도 없으니까요.

따라서 항상 앞으로 일어날 일을 예측한 후에 돈을 쓰도록 해야 합니다.

돈을 어떻게 쓸지, 이와 관련해서 다음과 같은 명언이 있습니다.

"일이 잘될 때는 웃는 얼굴로 백반을 먹고, 일이 잘 안 될 때는 프랑스 요리를 먹도록 하라."

이게 무슨 뜻일까요? 전자는 설사 성공을 하고 아무리 큰 부자가 되었다 해도 변두리 백반집에서 웃는 얼굴로 맛있게 음식을 먹을 수 있는, 열린 마음을 지닌 인품으로 살아야 한다는 뜻입니다.

그렇다면 후자는 무슨 뜻일까요? 이는 일이 잘 안 풀릴 때에도 여유롭게 프랑스 요리를 즐길 수 있을 정도로 미리 저축을 해두는, 그런 사람이 되라는 의미입니다.

2장

흐름

"돈을 계속 흐르게 해야 합니다."

05 적자를 내는 버릇부터 없앤다

돈에 강해지기 위해서 무엇보다 우선적으로 해야 하는 일이 있습니다. 그것은 〈적자〉를 내지 않는 것입니다.

여태껏 저축을 한 적이 없는 사람이 지금까지 써왔던 돈보다 적은 돈으로 생활을 꾸려나가면서 한 달에 10만 원, 20만 원이라도 모은다면 그것만으로도 합격입니다. 최소한 이 정도라도 실천하면 됩니다.

주변을 둘러보면 신용카드를 몇 장이나 만들어놓고, 자기가 이번 달에 얼마를 썼는지도 모르는, 그런 사람도 있습니다.

카드를 신나게 긁다가 정신이 들 때쯤이면 이미 한도액

을 넘겼다거나, '이번 달에는 모자란 만큼만 빌리자.' 하고 대부업체에 가서 돈을 빌리기까지 하죠.

  이렇게 벌어들인 돈보다 쓰는 돈이 많아 '마이너스'를 만들어버리는 버릇이 든 사람들이 있습니다. 그런데 이런 마이너스를 만드는 일이야말로 절대 해서는 안 되는 행동 중 하나입니다.

  그 사람의 돈의 흐름에는 '마이너스를 만드는 파동'이 붙어버리기 때문이죠. 그러면 그때부터는 무엇을 하더라도 빚 없이는 돌아가지 않습니다.

  요컨대 당신의 돈의 흐름에 절대로 마이너스를 만들지 말라는 뜻입니다.

06
지출을 줄이려는 노력이 장사의 승패를 결정한다

'마이너스를 만들지 않는 것'은 장사나 일을 하는 데도 매우 중요한 원칙입니다.

장사나 일을 할 때 돈을 쓰는 것을 '지출'이라고 하는데, 이는 초창기부터 가능한 한 줄여야 합니다.

가령, 당신이 회사를 그만두고 장사를 시작하려 합니다.

'좋은 장소에 점포를 빌려서 인테리어도 멋지게 하고, 좋은 간판도 달고, 아기자기한 소품도 놓아서 예쁜 가게를 만들어보자!'

'가게와 가구, 조리기구에 돈을 들이면 분명히 손님이 잔뜩 올 거야!'

대부분 이렇게 두근두근 설레는 맘으로 환상을 품고 시작합니다.

하지만 저는 '장사를 시작하는 시점부터 지출을 얼마나 깎았느냐'에 따라 장사의 승패가 결정된다는 말씀을 꼭 드리고 싶습니다.

예를 들면, 장사를 한다고 꼭 굳이 돈을 들여서 좋은 사무실을 구할 필요는 없습니다. 자기 집에서 할 수 있는 일이라면, 집에서 해도 충분합니다.

또, 점포를 가진 경우에도 인테리어니 뭐니 하는 것에 돈을 들일 필요는 없습니다.

"이 가게는 바빠 보이네. 꽤 번창한 것 같은데?"

손님이 이렇게 생각할 수 있을 정도로만 보여도 충분합니다.

저의 제자들도 장사를 할 때 모두 자기 집에서 시작했습니다. 쓸모없어진 책상을 받아와서는 거기에 전화기 한 대를 두고 시작했죠.

사실 이것만 갖춰져도 사무실로서의 역할을 훌륭히 수행할 수 있습니다.

참고로 한 제자는 골판지 상자를 필요한 크기로 잘라 매

직펜으로 상호를 써서 간판을 만들었습니다. 글씨는 제가 직접 썼고요.

그렇게 단 10원도 들이지 않고 훌륭한 간판을 완성할 수 있었습니다.

참고로 골판지 상자는 궁리하기에 따라 쓸모가 많습니다. 저는 가게를 시작하자마자, 제자들에게 '가게의 여기저기에 골판지 상자를 쌓아두라'고 조언했습니다.

왜냐고요? 가게 안이 텅 비어 있으면 '한가한 가게'라는 인상을 주기 때문입니다.

어쨌든 골판지 상자를 잔뜩 쌓아두면, 신기하게도 '번창하는 가게의 분위기'로 탈바꿈합니다. 이렇듯 골판지 상자 하나를 쓰더라도, 아이디어에 따라 그 활용도는 천차만별입니다.

그런 식으로 사업을 시작했기에 제자들의 지출은 거의 제로가 되었습니다. 어쨌든 마이너스가 아니기 때문에 설사 사업에 실패한다 해도 단 10원도 빚을 지는 일이 없는 거죠.

장사에서 가장 중요한 것은 어쨌든 '이익'을 내는 것입니다. 장사로 이익이 나면 그 이익으로 비용을 대가면서 사업을 확장하면 됩니다.

따라서 이익을 내기 전에 장사 도구에 돈을 다 들여서는 안 됩니다. 하지만 많은 사람이 이런 〈잘못〉을 저지르곤 합니다.

이는 비단 장사꾼만의 문제가 아닙니다.

예를 들어볼까요? 어떤 카메라맨은 성능이 좋은 비싼 카메라를 장만하면 좋은 사진을 찍을 수 있을 거라는 착각에 빠집니다.

결국 무리를 해서 빚을 진 채 최첨단 기능을 갖춘 고가의 카메라를 구입하죠.

안타깝게도 이것이 '빚지는 버릇'을 몸에 배게 하는 지출임을 깨닫지 못하는 겁니다.

음식점을 운영하는 사람은 프라이팬과 냄비만 있어도 대부분의 요리를 할 수 있습니다. 굳이 다른 조리 기구까지 꼭 갖춰야 할 필요는 없습니다.

다른 조리기구를 사용해야만 만들 수 있는 메뉴는 아예 생각하지 않으면 되니까요.

이렇게 '지출을 늘리지 않으려는 노력'은 정말 중요합니다. 이 중요한 사실을 알고 있는지의 여부가 바로 장사의 승패를 결정합니다.

07
정당한 대가로 받는 돈은
감사히 받는다

돈에는 '물줄기'라고 하는 것이 있습니다.

아무리 큰 강도 결국엔 작은 강이 모여서 만들어집니다. 도네 강([利根川], 간토 지방의 북쪽에서 동쪽으로 흐르는 강으로 도쿄를 거쳐 태평양에 이르며, 일본 수도권의 중요 식수원이기도 함)처럼 아주 넓은 강도 그렇게 이뤄진 거죠.

돈도 마찬가지입니다. 예를 들어 당신이 누군가에게 도움이 되는 일을 해 상대방이 "그냥 작은 성의 표시입니다."라며 돈을 건넸다고 칩시다.

이럴 때 "아니에요, 뭘요. 돈 같은 건 됐습니다."라고 거절하면, 어쩐 일인지 다른 돈도 들어오지 않게 됩니다.

왜일까요? 이것은 당신이 시냇물의 흐름, 즉 '**돈의 흐름**'을 멈추게 했기 때문입니다. 세상에는 그렇게 신기한 '돈의 법칙'이란 게 있습니다.

남에게 도움이 되는 일을 해서 상대가 돈을 주려 하면 "고맙습니다." 하고 받으세요. 이것이 돈의 흐름을 멈추지 않게 하는 방법입니다.

물론 상대에게 별 도움이 되지도 않았는데, 돈을 원하는 건 안 되겠지요. 하지만 남을 위해 열심히 일했고 그로 인해 이익이 났다면, 고맙게 받아들여도 괜찮습니다. 그것이 돈의 흐름에 강한 물살을 만들어줍니다.

08

돈을 줄 때는
상대의 행복을 빌어준다

부모님 혹은 자식에게 용돈을 줄 때 '주는 사람의 마음이 내는 파동이 돈에 깃든다'는 사실을 아시나요?

따라서 누군가에게 돈을 줄 때는 '이 돈으로 맘껏 즐기세요.' 하며 상대의 행복을 빌어주는 게 좋습니다.

예를 들면 "온천이라도 가서 느긋하게 쉬고 오세요.", "맛있는 거라도 먹고 오세요." 하면서 말이죠.

반대로 '얘는 불쌍하니까.' 하는 동정심 혹은 '앞으로 무슨 일이 일어날지도 모르니까.' 하는 불안함을 갖고 돈을 주면, 그 돈에 그러한 파동이 깃들어버립니다. 그리고 실제로 돈을 받은 사람에게, 어떤 '불행한 이유'로 돈을 써야만 하는 일이 생길 수도 있습니다.

 이처럼 돈이라는 것에는 그 사람의 마음이 깃들기 쉽습니다. 그러니 돈을 줄 때는 그 사람의 행복을 빌어주세요.

3장

욕심

"정당한 욕심을 키우세요."

09
돈에 대해 진지해질수록 더 많은 돈을 끌어당긴다

세상에는 '끌려옴의 법칙'이라는 것이 작용합니다.

'이렇게 하고 싶어!', '이렇게 되고 싶어!'라고 항상 생각하면 정말로 그 일들이 실현되는 거죠.

돈에도 이 끌려옴의 법칙이 작용합니다. 다만, 돈을 돈 이외의 것들보다 더 진지하게 생각하지 않으면, 돈은 끌려오지 않습니다.

사실 돈에 대한 진지한 정도가 그 사람에게 들어오는 '돈의 액수'를 결정합니다.

오늘 당신이 진지하게 '나는 지금보다 훨씬 많은 돈을 벌 거야!'라고 결심했다고 칩시다. 그러면 당신에게 붙어 있던 '지도령'이 바뀝니다.

지도령이란, 일이나 재능 등 어떤 전문적인 분야에서 당신을 지도해주는 영(靈)을 뜻합니다.

그래서 지도령은 특히 일을 하고 있는 사람에게 잘 붙어 있습니다. 그런데 지도령은 '때맞춤 교대'라는 재미있는 성질을 갖고 있답니다.

그렇다면 지도령이 교대하는 때는 언제일까요? 바로 자신이 붙어 있는 사람의 '생각이 바뀔 때'입니다.

예컨대 당신이 오늘부터 '돈 버는 것에 대해 아주 진지하게 생각하게 됐어.'라고 생각하면, 보이지 않는 세상에서는 다음과 같은 일이 일어납니다.

지금까지 당신에게 붙어 있던 '빈둥거리는 감각의 지도령'이 "왠지 이 사람이 돈을 버는 일에 대해 전보다 진지해진 것 같군. 그럼 돈에 대해 잘 아는 지도령과 자리를 좀 바꿔볼까?"라며 선수 교대를 요청하게 됩니다.

그렇게 교대되어 들어오는 것이 '진짜로 돈을 벌게 해주는 지도령'입니다.

이렇게 지도령이 바뀌면 무슨 일이 일어날까요?

우선, '번뜩이는 생각'과 '아이디어'가 솟아납니다. 또, '돈을 벌기 위해 필요한 것'이 계속 떠오르게 되지요.

또, 당신에게 떼돈이 생길 찬스가 잇달아 온다든지, 같이 있으면 계속 돈을 벌 수 있는 비즈니스 파트너를 만나는 일이 생깁니다.

그러니 부자가 되고 싶은 사람은 당장 오늘부터 '돈을 벌고 싶어!'라고 진지하게 생각하세요. 그렇게 하면 당신의 지도령이 교대를 요청하게 됩니다.

반대로 '먹고살 만큼만 돈이 있으면 되지, 뭐.', '지금 수입으로도 살 만하니까 그걸로 됐어.', '꽉꽉 벌어 봤자 가족한테 미안해질 뿐이니까 용돈 벌이만 하자.'와 같은 생각을 하면, 절대 그 이상의 돈을 벌 수 없습니다. 그 사람에게는 '빈둥거리는 감각의 지도령'이 언제까지나 붙어 있게 되거든요.

이처럼 당신의 기분과 생각에 따라 어떤 지도령이 붙는지가 결정된다는 사실을 기억하세요.

10

⟨돈 버는 이야기⟩를
불편해하지 않는다

세상에는 ⟨돈 버는 이야기⟩를 싫어하는 사람들이 있습니다. 특히 '정신적인 이야기'나 '신기한 이야기'를 좋아하는 사람 중에 ⟨돈 버는 이야기⟩를 거북해하는 경우가 많죠.

그런 사람들은 '사랑이 담긴 이야기', '사랑이 담긴 행동', 혹은 '세상을 밝게 만드는 이야기' 등을 좋아하지요. 그래서 누군가가 ⟨돈 버는 이야기⟩를 하려고 하면 서둘러 화제를 바꾸려 합니다.

"세상에 돈이 다는 아니니까……."라든가, "눈앞에 닥친 일을 즐겨서 하다 보면 돈은 알아서 따라오게 돼 있어."라며 이야기를 피하려고 하지요.

사실 여기에는 깊은 의미가 숨어 있습니다.

제가 지금부터 말씀드리려고 하는 것은 좀처럼 믿기 힘든 이야기일지도 모릅니다. 믿기 힘든 분은 믿지 않아도 상관없으니, 읽고 싶은 분만 읽어주세요.

〈돈 버는 이야기〉가 불편한 사람에게는 '가난신'이라고 불리는 영, 즉 부유령(浮遊靈)이 붙어 있습니다. 그런데 이 가난신이 붙으면 그 사람의 의식을 확실하게 바꾸지 않는 한 부자가 될 수 없습니다. 생활이 힘들지 않을 만큼의 돈은 들어올 수 있어도, 그 이상의 돈은 들어오는 일은 없죠.

왜냐고요? 가난신은 그 사람이 성공하는 것을 필사적으로 막기 때문입니다. 그 사람이 부자가 되면, 그때부터 본인이 거기에 머물 수가 없으니까요. 그래서 그 사람으로 하여금 '돈을 잔뜩 버는 이야기'라든가 '부자가 될 수 있는 이야기'로부터 가능한 한 멀리 떼어놓으려 하는 것입니다.

부자가 될 수 있는 이야기가 나오면, 보이지 않는 세상에서는 가난신이 손을 뻗어 그 사람의 귀를 막아버리기도 합니다.

그렇게 귀가 막혀버린 당사자는 왠지 모를, 가난신이 주고 있는 그 묘한 감정대로 움직여서 '돈 이야기가 나오면

죄짓는 느낌이 들어.' 혹은 '돈 이야기가 나오면 영 불편하네.'라고 생각하게 됩니다.

가난신은 '가난 파동을 내고 있는 사람에게 들러붙는 성질'을 갖고 있습니다. 따라서 정말로 가난에서 벗어나고 싶다면 의식과 말버릇을 철저히 바꿔야 합니다.

"나는 가난하니까."라는 말을 자주 해서 버릇이 들게 하면 안 됩니다.

"나, 꽤 부자잖아!"

"몸 건강히 일할 수 있으니 행복하지!"

"오늘도 밥을 먹을 수 있으니 잘됐다!"

설사 돈이 없어도 이렇게 의식적으로 기운이 넘치는 말을 해보세요.

이처럼 '말의 영'에게 힘을 빌어, 몸에 깃든 '가난 파동'을 '부자 파동'으로 바꾸는 일부터 시작해봅시다.

그리고 '나는 지금부터 열심히 돈을 벌 거야!'라고 굳게 마음을 먹은 뒤 돈과 경제를 열린 마음으로 배워나가세요.

돈 이외의 다른 것은 끌어오는 일이 비교적 간단합니다.

하지만 다른 것들과 달리, 돈을 끌어오려면 '정신 집중'이 필요합니다. 그리고 정신 집중을 얼마나 하느냐에 따라 앞으로의 돈의 흐름이 바뀔 수 있습니다.

11

정당한 욕심은 행복을 가져다준다

 돈을 벌기 위해서는 '욕심'이라고 하는 것이 필요합니다. 그런데 사람의 욕심에는 두 가지 종류가 있습니다.

 하나는 '새 양복을 갖고 싶어.', '여행을 가고 싶어.', '좀 더 쾌적한 생활을 하고 싶어.'와 같이, 인간으로서 당연히 갖게 되는 욕구입니다. 이것을 '**정당한 욕심**'이라 합니다.

 또 하나는 '**악마의 욕심**'이라고 하는 것인데 이에 대해서는 후에 자세히 설명하겠습니다.

 그럼, 먼저 정당한 욕심에 대해 이야기해보죠.

 정당한 욕심은 신이 내려준 소중한 욕심입니다. 따라서 이런 욕심을 버려서는 안 됩니다. 또, 정당한 욕심이 나쁘다고 생각하면, 그와 동시에 '돈을 더 벌자'는 마음이 사라지게 됩니다.

〈좋은 사람〉 중에는 '갖고 싶은 것이 있어도 참는 게 좋아.'라고 생각하는 사람도 있습니다. 그래서 필요 이상으로 아끼면서 구두쇠와 같은 삶을 살고 있는 분도 있지요.

그런데, 사실 이것은 인간이라면 당연히 갖게 되는 감정에 반하는 일입니다.

왜냐하면 신은 우리에게, 살아 있는 한 '좀 더 잘살고 싶어!'라는 생각으로 계속해서 지금보다 위를 바라보도록 하는 정당한 욕심을 내려주었기 때문입니다.

예를 들어 '활기차고 좋은 생활을 하는 사람'이 많은 회사에 구직자가 몰리는 건 너무나 당연합니다.

또, '멋있는 것', '아름다운 것'을 바라는 마음 또한 너무나 당연하죠. 그래서 성공을 하면 멋진 차를 타고, 화려한 옷을 입고, 반짝거리는 액세서리를 잔뜩 다는 등 모두가 '와, 이 사람 정말 멋지다!' 하며 부러워할 모습을 갖추는 게 중요합니다. 그것이 '성공한 사람'으로서의 임무라고도 할 수 있습니다.

예전에 어떤 호텔 여사장과 관련해서 이런 에피소드를 들은 적이 있습니다.

그 여사장은 매우 열심히 일을 했다고 합니다. 그래서 항상 직원들과 함께 호텔 정원에서 제초작업을 했죠.

그 여사장은 제초할 때 옷을 더럽히지 않기 위해 늘 수수한 회색 작업복과 바지를 입고 있었다고 합니다. 한마디로 사장처럼 보이지 않는 모습이었던 거죠.

언뜻 들어서는 그분이 겸손한 인품을 갖추었다고 생각할 수도 있습니다. 주변 사람들도 그게 옳다고 생각했고요.

하지만 제가 봤을 때 이건 〈잘못〉입니다.

사장이라는 직위에 있다면 한눈에 사장이라고 알아챌 수 있는 화려한 복장을 하고 있어야 합니다. 제초작업을 할 때도 화려한 티셔츠를 입거나, 최소한 큰 꽃이 달린 모자라도 쓰는 게 좋습니다. 다른 사람이 '역시 사장님은 제초작업을 할 때도 화려하군!' 하고 생각할 수 있는 모습을 하고 있는 게 사장된 사람의 역할이니까요.

성공한 사람이 되어 모두가 부러워할 만한 모습을 하고 있는 것이 꼭 본인에게만 영향을 주는 건 아닙니다. 그렇게 함으로써 지금부터 일을 찾으려는 젊은이들에게 그 업계나 회사의 장래가 밝다는 점을 어필하고 꿈을 심어줄 수 있기 때문이죠.

화려한 옷을 사는 것도, 반짝반짝 빛나는 액세서리를 사는 것도, 멋진 차를 갖고 싶어 하는 것도, 다른 나라로 여행을 가고 싶어 하는 것도 모두 정당한 욕심입니다.

정당한 욕심을 가지고 있으면 '좀 더 노력하자!', '좀 더 돈을 벌자!', '좀 더 위를 바라보자!' 하는 투지가 솟아납니다. 그리고 그 투지가 당신에게 한층 더 큰 행복을 가져다줄 것입니다.

12
명예를 원하면
돈을 잃는다

앞서 '사람의 욕심에는 두 가지가 있다'고 말했죠. '정당한 욕심'에 대해서는 앞에서 설명했으니, 이번에는 '악마의 욕심'에 대해서 이야기해보겠습니다.

악마의 욕심이란, 남을 밟고 올라서더라도 돈을 갖고 싶다'고 하는, 자기중심적인 마음을 말합니다.

또 '많은 사람이 대단하다고 말해줬음 좋겠어.', '다른 사람이 내 비위를 맞춰줬으면 좋겠어.'와 같은 '명예욕'도 여기에 속합니다.

그런데 이런 악마의 욕심을 가지면, 신기하게도 돈이 점점 사라지게 됩니다.

잘 생각해보세요. 아무리 대단한 위업을 완수했다 해도 '남을 밟고 올라서서라도 행복해지고 싶어.'라고 생각하는 사람을, 주변에서 응원해줄까요?

성공은 '남이 밀어 올려주는 것'입니다. 주변에서 '그 사람이라면 내 모든 걸 걸고서라도 응원하고 싶어.'라고 할 수 있어야 사람도, 돈도 모이게 됩니다.

그런데도 많은 사람이 '다른 사람들이 나를 대단하다고 생각해줬으면 좋겠어!'라고 하는 명예욕의 함정에 빠져 있습니다.

예를 들어 부자가 되어 부호 순위에 오르게 되면 지금까지는 없었던 '유혹'이 여기저기에서 들어오게 됩니다. "골프 회원권을 사지 않겠습니까?" 혹은 "회사 건물을 세우지 않겠습니까?"와 같은 제안 말입니다.

이럴 때, 덫에 걸려들어서는 안 됩니다.

명예라고 하는 것이 눈앞에 어른거리면, 명예를 갖고 싶은 나머지 필요 없는 것까지 사버리게 됩니다. 요컨대 '허영'에 사로잡히는 거죠. 바로 '남들이 자신을 대단한 사람이라고 생각해줬으면 좋겠다.'고 하는 생각이 그렇게 만드는 겁니다.

부자는 돈을 많이 갖고 있는 사람입니다. 그런데 점점 더 많은 돈을 손에 넣게 되면 '명예도 갖고 싶어!', '돈도 더 많이 갖고 싶어!' 하는 마음으로 기울기도 합니다.

그리고 모처럼 손에 들어온 돈으로 필요도 없는 땅을 사고, 필요도 없는 건물을 세우려다 결국 돈을 날려버리기도 하죠.

지위나 명예를 갖고 싶어 선거에 나가는 경우에도 매번 보기 좋게 당합니다. 물론 지위나 명예를 갖고 싶다면 정치가가 되면 됩니다.

하지만 명심하세요. 정치가가 돈을 원하면 체포될 것입니다.

이를 꼭 마음속에 새겨두세요. 사람에게는 제각각 '처지'라는 것이 있습니다. 자신의 처지를 스스로 관철시킬 수 있을지 없을지가 성공을 좌우합니다.

아시다시피 저는 장사꾼입니다. 장사꾼의 일이란 오로지, 고객을 기쁘게 하는 물건을 파는 것입니다.

장사꾼이 필요도 없는 건물의 주인이 될 이유는 없습니다. 골프를 하고 싶으면 그때마다 돈을 내고 하면 되지, 굳이 명예를 위해 비싼 회원권을 살 필요는 없습니다.
　누군가가 "텔레비전에 출연하지 않겠습니까?"라고 하는 제안에도 우쭐해질 필요가 없습니다. 그러는 와중에 본업에 소홀하게 될 수도 있으니까요.

　자신의 처지를 잊고 지위나 명예를 원할 때, 그 모습을 신이 줄곧 지켜보고 있다는 사실을 잊지 말아야 합니다.

　신으로 하여금 '이 사람에게는 역시 돈을 맡기지 않는 게 좋겠군.' 하는 생각이 들지 않도록 행동하는 것이 계속해서 돈에게 사랑받는 법입니다.

2부

부자의 성공

"열심히 하는데 왜 결과가 안 좋을까?"

4장

재미

"좋은 것에 유머를 더하세요."

13
재미가 없는 성공은 불가능하다

일을 성공시키고 싶으면 돈이 아니라 '지혜'를 끌어내야 합니다. 그런데 이 지혜에도 '꼬아주기'가 조금 필요합니다. 즉, '사랑과 유머를 담은 지혜'를 사용해야 하죠.

〈좋은 사람〉 중에는 성실한 사람이 많습니다. 그런데 '진지하게 최선을 다하면 반드시 일에서 성공하는가?'를 따진다면, 꼭 그렇지는 않습니다.

'사람들에게 응원을 받고', '사람들에게 절대적으로 사랑을 받는' 요소가 없으면 일에서 성공하기 어렵습니다.

〈좋은 사람〉의 지나친 진지함은 메모지 한 장에서도 잘 드러납니다.

예전에 제가 한 오코노미야키 가게에 들어갔더니, 철판 가스관에 이런 메모지가 붙어 있더군요.

'가스관을 만지지 말아주세요.'

실로 진지한 메모입니다. 이 메모에 사랑과 유머를 담아 이렇게 바꾸면 어떨까요?

'가스관을 비틀고 싶다면 부디 한마디만 걸어주세요. 당신의 안전을 위해 달려가겠습니다!'

어떻습니까? 이제 아시겠어요? 이 메모에서는 손님에 대한 애정, 그리고 어떻게든 가게를 좋아하게끔 만들고 싶어 하는 마음을 느낄 수 있지요.

또, 한번은 어떤 가게 앞을 지나고 있는데, 현관에는 불이 꺼져 있고 이런 메모지가 붙어 있었습니다.

'금번 내부 수리 중이라 불이 꺼져 있습니다만, 영업 중입니다.'

실로 진지한 메모입니다. 그런데 만약 제 가게라면 아마 다음과 같은 메모를 남겼을 겁니다.

'금번 내부 수리 중이라 불은 꺼놓았지만, 가게 안에서는 활발하게 영업을 하고 있습니다. 가게의 불은 어둡지만 우리의 미소를 100와트로 켜놓고 당신을 기다리고 있겠습니다.'

어떻습니까? 손님에 대한 애정과 유머가 느껴지지요? 이렇듯 메모지 한 장에도 애정과 유머를 담아야 합니다.

앞으로의 시대에서는 '재미가 없는 성공'은 불가능하기 때문이죠.

예를 들어 강연회에서 아무리 좋은 이야기를 하더라도 그것이 '재미있는 이야기'가 아니면, 청중들은 곧 지겨워합니다. 학교 선생님이나 교관과 같이, 다른 사람에게 뭔가를 가르치거나 지도하는 일을 하는 사람도 좋은 것을 단지 '가르치기'만 해서는 안 됩니다.

'좋은 것을 재미있게 가르치기.'

이것이 앞으로의 시대에서 성공할 수 있는 비결 중 하나입니다.

14

나를 성장시키는
즐거운 경쟁을 한다

요즘 세상에는 '경쟁하는 것은 별로 좋지 않다'고 하는 풍조가 있는 것 같습니다.

예를 들어, 어떤 초등학교에서는 운동회 때 일등을 정하지 않고 모두가 손을 잡은 채로 결승점을 골인하게 한다고 합니다. 또, 학예회를 할 때도 주연인 공주님을 한 명으로 정할 수가 없어서 공주님 역할을 맡은 학생 일곱 명이 줄줄이 나온다고도 하죠.

그런 발상 또한 인정을 하지 않는 건 아닙니다만, 저는 경쟁을 좋은 방향으로 사용하면 괜찮다고 생각합니다.

왜냐고요? 경쟁이 없어지면 사람의 마음이라는 게 나태

해지기 쉽거든요.

일할 때도 대충대충 하면서 그 이상 앞으로 나아가지 않는 사람이 있습니다. 자기가 원래 갖고 있는 힘을 최대한 쓰려 하지 않는 것이지요. 매우 안타까운 일이 아닐 수 없습니다.

그렇다면, '즐거운 경쟁'은 무엇을 뜻할까요?

예컨대 속으로 몰래 '라이벌'이라고 생각하는 사람이 있다고 합시다.

그런데 어느 날 이 라이벌이 매우 참신한 일을 벌이기 위해 열정을 불태우고 있다는 소식을 듣는다면, 기분이 어떻겠습니까?

아마 당신에게 꽤 큰 자극이 될 것입니다. 그리고 그 사람이 잘하는 모습을 보게 되면, 이런 생각을 하게 되겠죠.

'어, 이런 방법이 있었다니!'

'저 녀석, 꽤 잘하잖아!'

그렇게 자극을 받아 자기도 더 열심히 해야겠다고 결심하고 마음을 다지게 된다면, 이게 바로 즐거운 경쟁이 아니겠습니까?

또, 동료들과 경쟁을 하고 나서 일등을 한 사람은 이길 수 있었던 비법을 모두에게 아낌없이 가르쳐주는 것, 진 사람들은 마음을 열어 패배를 인정하고 이긴 사람에게 일하는 방법을 배우는 것. 저는 이 또한 즐거운 경쟁의 한 방법이라고 생각합니다.

뿐만 아니라 즐거운 경쟁은 스스로의 기량을 끌어올리는 '원기회복제'와 같은 역할을 합니다.

'시게킥스('자극'이라는 뜻의 단어를 상품명으로 변형시킨 과자 이름_역자 주)'라는 과자가 있습니다. 먹으면 신맛이 입에 확 퍼져서 졸음이 단숨에 달아나는 과자이지요.

시게킥스와 마찬가지로 즐거운 경쟁은 졸음이나 흐트러진 마음을 단숨에 날아가게 해줍니다.

경쟁은 원래 즐거운 것으로, 사람들은 경쟁을 좋아합니다. 사람들이 싫어하는 경쟁이란 이겼다고 잘난 척하거나, 졌다고 성질을 부리는 경쟁을 말하죠.

'경쟁'이라는 단어를 듣는 것만으로 눈살을 찌푸리며 싫어한다면, 그 이상 영혼의 성장은 기대할 수 없습니다.

사실 자기 안에 잠들어 있는 힘을 끌어내고, 일하는 방법을 여러 방향으로 궁리할 수 있는 것도 다 즐거운 경쟁이 있는 덕택입니다.

앞으로는 경쟁을 좋은 쪽으로 활용해 자신을 더더욱 드높이는 원기회복제로 만들어봅시다.

15
〈황금의 원 패턴〉을
포착한다

여기서는 지금 당신이 하고 있는 일로 손쉽게 성공할 수 있는 비법을 가르쳐드리겠습니다.

당신이 하고 있는 일 가운데 '왠지 이걸 하면 많은 사람이 기뻐하겠지?'라고 생각되는 것을 하나만 찾아보고, 그것을 철저히 끝까지 해보세요.

이를 몇 번 해나가는 가운데, 그것은 하나의 패턴이 될 것입니다.

성공하는 일에는 〈황금의 원 패턴〉이라고 하는 것이 있습니다. 그리고 이 패턴을 발견하는 것이 가장 손쉬운 성공비결입니다.

「미토코몬」([水戶黃文], 일본 TBS계열 방송국에서 1969년부터 2011년까지 월요일 오후 8시에 방영된 사극. 계속 방영된 것이 아니라 다른 드라마와 교대로 방영되었으며, 총 43부 1227회를 끝으로 방영을 마감했다. 17세기 미토한 지역을 지배한 '도쿠가와 미쓰쿠니'라는 실제 인물이 주인공이다_역자 주)이라고 하는 텔레비전 드라마를 예로 들어보겠습니다.

그 드라마는 매번 같은 패턴을 갖고 있습니다. 가령 신분을 감추고 있던, 미토한의 미쓰쿠니 공이 이야기 마지막에 '인롱([印籠], 약이나 도장, 인주를 넣고 다닐 수 있게 허리에 차도록 만든 작은 갑. 드라마에서는 자신의 정체를 드러내는 문장이 찍힌 도구로 등장한다_역자 주)'을 보입니다.

그러면 지금까지 기세등등하던 나쁜 사람들이 일제히 "어이쿠!" 하면서 납작 엎드립니다.

이 순간, 드라마를 보고 있던 사람들의 가슴이 시원해지죠. 이 장면을 보려고, 드라마를 끝까지 보게 되는 겁니다.

바로 이것이 〈황금의 원 패턴〉입니다.

「미토코몬」과 마찬가지로 한 번 일이 제대로 맞아떨어지면 그 방법을 5~6년간 바꿔서는 안 됩니다.

'일이 제대로 맞아떨어진다'고 하는 것은 그 일을 하는 중에 '성공하는 요소'를 포착했음을 뜻합니다. 즉, 모두가 추구하는 〈황금의 원 패턴〉을 포착했다고 볼 수 있죠. 그때부터는 같은 패턴을 유지하면서 매번 설정을 조금씩 바꾸면 됩니다.

「미토코몬」의 경우 전국 각지를 돌면서 찍었는데, 그때마다 그 지역과 관련된 설정으로 바꿨던 게 한 수였다고 생각합니다.

'지역의 풍습이나 명물을 소개하면서 그 지역에서 만났던 여러 사람을 구해준다.', '스케 씨와 카쿠 씨(미쓰쿠니 공의 가신들로서 사람들을 돕는 역할을 한다_역자 주)가 최후에 인롱을 보이면 나쁜 사람들이 '어이쿠' 하면서 납작 엎드린다.', 이렇게 매번 똑같은 패턴을 유지하는 것이지요.

이제 여러분도 자신의 일에서 〈황금의 원 패턴〉을 포착하세요. 그리고 일이 제대로 맞아떨어지면 패턴을 바꾸지 말고 한동안은 그대로 계속 밀고 나가세요. 그러다 맞아떨어지지 않는다 싶으면 다시 다른 방법을 생각하면 되고요.

이것이 일을 가장 빨리 성공시키는 비법입니다.

하지만 다들 이런 법칙이 있음을 알아채지 못합니다. 한 번 일이 맞아떨어져도, 다음에는 전혀 다른 방식으로 하려고 하죠.

'좀 다른 것도 시도해보고 싶어.' 하는 마음뿐 아니라, '나는 다른 방식으로도 잘할 수 있다는 걸 세상에 알리고 싶어.' 하는 마음 때문에 다르게 해버리는 겁니다.

하지만 이건 〈잘못〉입니다. 그러니까 '한탕족'이 되어 사라지는 거죠.

작가도, 영화감독도, 장사꾼도 한 번 맞아떨어진 일은 〈황금의 원 패턴〉을 유지한 채 계속해나가는 것이 중요합니다. 그것이 당신을 가장 빨리 성공한 사람으로 만들어줍니다.

16
늘 하고 있는 일을
스스로 칭찬한다

살다 보면 왠지 모르게 힘이 나지 않을 때가 있습니다. 특별한 이유 없이 몸과 마음이 지치고 의욕이 전혀 나지 않는 시기는 누구에게나 찾아옵니다.

여기서는 이렇게 가라앉은 기분을 밝고 가볍게 전환시키면서, 의욕도 무럭무럭 솟아나게 해주는 비장의 방법을 알려드리겠습니다.

바로 '오늘 내가 한, 늘 하고 있는 일을 칭찬하는 것'입니다.

'오늘은 만원 전차로 출퇴근을 하다니, 훌륭한걸!'

'애들한테 웃으면서 대했으니, 난 좋은 엄마야!'

'부하의 장점을 알아주고 칭찬해준 건 아주 잘했어!'

이렇게 자신이 늘 하고 있는 일을 칭찬하면 기분이 벅차올라 '내일도 잘해보자'는 생각을 하게 됩니다.

왜 자화자찬(自畵自讚)을 하고 나면 의욕이 솟아날까요? 그것은 뇌에 '칭찬회로'라고 하는 것이 생기기 때문입니다.

그런데 일본인에게는 '겸손한 것이 좋은 것'이라고 하는 국민성이 있어 사람들이 평소의 자신을 부정하는 경우가 많습니다.

'어차피 나 같은 놈이 뭐.'

'나한테는 무리야.'

'나는 그렇게 대단한 사람이 아니야.'

이렇게 스스로에 대해 계속해서 부정적인 말을 하는 것이지요.

그런데 자신에 대해 부정적인 말을 하면 뇌에 스트레스를 줍니다. 그리고 이것을 계속하면 뇌에 '불행회로'라고 하는 것이 생겨나죠.

이 불행회로가 생겨버리면 매우 성가십니다. 일을 하다 아무리 멋진 찬스가 생겨도 '어차피 나 같은 사람이 할 수 있을 리 없잖아.' 하고 지레 포기하죠. 부정적으로 생각하는 버릇이 이미 몸에 배어버렸기 때문입니다.

이런 불행회로를 부숴버리려면 뇌에 칭찬회로를 만들어야 합니다.

칭찬회로를 만드는 방법은 간단합니다. 자기를 칭찬하는 습관이 생기면 칭찬회로가 점점 두터워지고, 동시에 불행회로는 점차 가늘어지죠.

하지만 막상 자신을 칭찬하려고 해도 사실상 그렇게 눈에 띌 정도로 일을 잘해내는 경우는 드뭅니다. 개중에는 '특별히 칭찬할 거리가 없으니 나는 스스로를 칭찬할 수가 없겠군.' 하고 생각하는 사람도 있을 테고요.

하지만 그렇게 특별한 일을 칭찬하라는 게 아닙니다. 너무나 당연하게 여기고 있을 만큼 일상적인 일에 대해서 칭찬하라는 겁니다.

평소에도 늘 하고 있는 일이기 때문에 자기 자신을 인정하고 칭찬해주는 게 더 의미가 있는 것입니다.

그도 그럴 것이, 늘 하고 있는 일을 계속해오지 않았다면 지금의 당신은 없을 테니까요.

자신이 자연스럽게 하고 있는 일은 사실 칭찬받아 마땅

합니다. 그러니 늘 하고 있는 일을 칭찬하고, 칭찬하고. 또 칭찬해봅시다.

며칠간 이렇게 칭찬하는 것만으로도 뇌에 칭찬회로가 생겨 동기부여가 점차 강화될 것입니다.

설사 10년간 불행회로가 지배하고 있었다 해도 칭찬회로가 만들어지는 데에는 그리 많은 시간이 걸리지 않습니다. 빠르면 며칠, 늦어도 한 달 정도면 '자신감이 붙고 계속 빠릿빠릿하게 행동할 기분을 불러일으키는' 칭찬회로가 생겨납니다.

매일 자기 전에 내가 오늘도 한, 늘 하고 있던 일을 잔뜩 칭찬해주세요. 당신의 마음속에서 끊임없이 의욕이 솟아날 것입니다.

5장

속도

"새로운 것을 두 배로 빨리하세요."

17
새로운 것이 있으면 누구보다 빨리한다

〈좋은 사람〉이라 불리는 사람들에게는 경쟁의식이 별로 없습니다. 항상 상냥하고 친절해서 경쟁을 하기보다 길을 양보하거나 남을 앞세우는 경우가 많죠.

그래서 여럿이 경쟁할 기회가 오더라도 순위는 늘 꼴찌거나 아래쪽에서 맴도는 경우가 대부분입니다. 반면 상위권은 대개 실력이 있거나 눈에 띄는 사람이 차지하죠.

그런데 하위권인 사람에게도 한 방에 역전을 할 수 있는 절호의 찬스가 있습니다. 바로 '새로운 방식을 도입하는 때'입니다.

지금까지 상위권을 점해왔던 사람은 사실 '새로운 방식'

을 좀처럼 시도하지 않는 경향이 있습니다. 쭉 성공을 해왔기 때문에 '지금까지 해오던 방식이 최고다!'라고 하는 자신감이 있거든요.

그런데 상위권에 있는 사람이 이런 생각을 하는 시점이, 곧 그 사람의 마음이 풀어지는 때이기도 합니다.

저는 이런 현상을 〈토끼와 거북이〉 우화를 빌려 '**토끼는 반드시 잔다.**'라고 표현합니다. 그리고 바로 이때야말로 하위권에 속한 사람에게 '기회'라고 할 수 있습니다.

새로운 것을 누구보다 빨리 해보세요. 새로운 것에는 아직 익숙한 사람이 없어서 하루라도, 한 시간이라도 빨리하는 사람이 이기게 됩니다.

토끼가 푹 자고 있는 사이, 거북이는 새로운 방법으로 일을 척척 진행해나갑니다. 토끼가 그것을 눈치챘을 때는 이미 순위가 역전되어 있죠.

지금까지 라이벌로 보지도 않았던 존재가 자기 손이 닿지도 않는, 저 앞까지 가버리고 만 겁니다.

바로 이때가 상위권에 속했던 사람이 하위권에 있던 사

람의 진짜 실력을 새삼 깨닫게 되는 시점이기도 합니다.

당신이 〈좋은 사람〉이라면 특히 토끼는 반드시 잔다는 법칙을 절대로 잊지 말았으면 합니다.

18
'좀 쉴까'라고 생각하는 순간,
위험해진다

사람들은 작은 성공을 손에 넣으면 매우 기뻐합니다. 너무 기쁜 나머지, 이런 생각을 하기도 하죠.
'여행이라도 가서 좀 쉴까?'
하지만 이것이 곧 성공의 기세를 꺾어버립니다.

성공을 손에 넣는 것은 멋진 일입니다. 다만, '다음 일을 생각하는 것'을 멈추지 말아야 합니다.

성공으로 올라가는 계단에 막 발을 내딛기 시작한 사람은 작은 성공을 손에 넣으면 마음이 풀어져 쉬려고 합니다.

그런데 사실 이때가 '가장 여세를 몰아야 할 시점'입니다.

일에는 '가속법칙'이라는 것이 있습니다.

"성공을 손에 넣었을 때, 그다음의 성공도 곧 찾아온다."

이렇게 좋은 일은 연속해서 일어나는 법이거든요.

그러니, 이런 기세를 꺾어버리는 건 너무나 아까운 일입니다.

따라서 여행을 가더라도 마음 한구석으로는 '다음 수단'을 생각해야 합니다. 그리고 가능한 한 빨리 '다음 일'에 착수해야 하죠. 그렇게 해야 기세를 떨어뜨리지 않고도 새로운 성공을 향해 나아갈 수 있습니다.

그런데 성공을 손에 넣었다고 푹 쉬어버리면 다음 일에 착수하는 것이 귀찮아집니다.

'이 승리의 잔에 좀만 더 취하고 싶어.'

그런 마음이 강해지는 거죠.

하지만 그렇게 쉬다가 겨우 의욕이 생겨서 일을 다시 하려 할 때는 이미 뒤에 있던 사람들이 당신을 추월해 있거나, 바로 등 뒤까지 바짝 따라잡았을 수도 있습니다.

바로 앞에서 제가 '토끼는 반드시 잔다'고 하는 말씀을 드렸습니다만, 이때는 당신이 바로 그 '토끼'가 돼버리는 것이죠. 그래도 괜찮으시겠어요?

성공한 직후에 '좀 쉬어볼까?' 하는 마음을 갖는 건 위험합니다. 여행을 가는 건 본인 자유입니다만, 한구석으로는 다음에 해야 할 일을 잊지 말아야 합니다. 그것이 성공의 기세를 떨어뜨리지 않고 계속해서 이어갈 수 있는 방법입니다.

19
일에 있어서는
빠른 것만으로 합격이다

일에 있어 운이 좋은 사람들은 공통적으로 이렇게 생각하는 경향이 있습니다.

'좋은 이야기를 들으면 바로 실행하자!'

즉, 동료나 선배들에게 좋은 이야기를 듣고 그것을 자신의 일로 받아들이는 데 누구보다 빠릅니다.

반면, 같은 이야기를 들어도 이렇게 생각하는 사람이 있게 마련입니다.

'그렇게 좋은 거라면 좀 더 심사숙고해보고 실행해도 되지 않을까?'

하지만 이는 〈잘못〉된 생각입니다.

받아들이는 스피드가 가장 중요하거든요. 모든 정보에는 '적기'라는 것이 있습니다.

지금 그 정보가 그 사람의 귀에 들어온 것은 그 사람에게 있어 그때가 적기이기 때문입니다.
'좀 더 생각해보고 하자.'
'주변 상황을 좀 더 둘러보고 하자.'
'좀 더 신중히 고민해보고 해도 늦지 않아.'
이렇게, 모처럼 좋은 정보를 얻었는데도 자기 안에 끌어안고 있으려 해서는 안 됩니다.
좋은 이야기나 정보를 자기 안에 묻어두면 언젠가 적기가 지나가버리기 때문이죠.
후에 '그럼, 이제 슬슬 해볼까?' 하고 움직이려 할 무렵에는, 이미 모두가 거기에 달려든 상황이라 당신과 그들 사이에는 차이가 발생합니다.
미세한 차이는 곧 큰 차이가 됩니다. 그것이 바로 일이라는 것의 특징이기도 합니다.
어쨌든 일에 있어서는 빠른 것만으로도 합격, 늦는 것만으로 실격입니다.

또다시 강조하지만, '좋은 이야기를 들으면 바로 실행한다'는 원칙을 잊지 마세요. 이런 생각 자체가 성공하는 사람들에게 '일의 운'이 모이는 이유이기도 합니다.

6장

행동

"자주적으로 움직이세요."

20
행운을 잡는 사람들의 가장 두드러진 특징

〈좋은 사람〉은 남이 말하는 것을 잘 듣고 잘해내는 것이 특기입니다.

그런데 늘 남으로부터 이야기를 듣고 나서 일을 하면 어떻게 될까요? 뭔가를 할 때 항상 남의 지시를 기다리는 버릇이 생깁니다.

명심하세요. 바로 이런 수동적인 자세가 당신의 운을 나쁘게 만듭니다.

따라서 행복해지고 싶고 자신의 운을 좋게 만들고 싶으면 '**자발적으로**' 무언가를 해야 합니다.

마음이 왠지 가라앉아 있거나 행복감이 잘 느껴지지 않

을 때, 자신의 마음이 어땠는지, 어떤 생각을 했는지 한번 되돌아봅시다.

'오늘은 즐거운 일이 없네.'

'그래도 누군가가 즐겁게 만들어주지 않을까?'

혹시 이렇게 자주 '기다리는 자세'가 되지는 않았나요?

하지만 안타깝게도 이런 사람은 불행합니다. 불행한 사람은 항상 누군가가 행복하게 만들어주기만을 기다리고 있거든요.

그런데, 이렇게 기다리는 것만으로 무언가 좋은 일이 일어날까요? 아니요. 기다린다 해도 아무 일도 일어나지 않습니다.

이렇게 불행한 마음으로 기다려 봤자 오는 것이라곤 병이나 트러블, 세무서의 감사 따위일 뿐, 즐거운 일은 일어나지 않습니다.

즐거워지고 싶으면 먼저 본인부터 움직여야 합니다. 다시 말하지만, 누군가가 와서 당신을 즐겁게 만들어주는 일은 없습니다.

쉽게 예를 들어보겠습니다. 디즈니랜드에 가고 싶으면 어떻게 해야 할까요?

집을 나서서 어떻게든 디즈니랜드의 입구까지 가야만 합니다.

자신을 즐겁게 만드는 일도 이와 마찬가지입니다.

당신이 가만히 집에서 기다린다고 디즈니랜드가 집으로 오는 일은 없죠. 미키마우스가 당신 집을 찾아오는 일도 없고요.

미키마우스를 만나고 싶으면 무조건 자기 발로 직접 디즈니랜드에 가야만 합니다.

그리고 여기에 덧붙여, 스스로 디즈니랜드에 가서 미키마우스를 직접 보는 것보다 더 큰 행복을 느낄 수 있는 방법이 있습니다.

본인이 미키마우스 인형 옷을 입고 양로원이나 요양원을 돌면서 사람들을 즐겁게 해주는 것입니다.

그렇게 자발적으로 남을 즐겁게 만들 수 있을 때, '스스로 행동한다는 건 얼마나 즐거운 일인가!' 하는 깨달음을 얻게 됩니다.

'누군가가 나를 즐겁게 만들어주지 않을까?'

'누군가가 나를 행복하게 만들어주지 않을까?'

다시 말씀드립니다만, 그런 일은 불가능합니다.

당신이 스스로 무언가를 해서 그것으로 남을 기쁘게 할 때, 깊은 행복을 느낄 수 있습니다. 그리고 그때 당신의 운도 비약적으로 좋아집니다.

21
최선을 다해야 하는 때는 언제나 지금이다

앞서 잠깐 언급했지만, 세상에는 그보다 더 잘할 수 있을 것 같은데 '그저 그런' 상태로 머물러 있는 사람들이 많이 있습니다.

그것은 자기 힘을 끝까지 다 쓰지 않아서입니다. 그런데 그런 사람들은 꼭 이렇게 말합니다.

"지금은 최선을 다하고 있지 않을 뿐이야."

그러면 최선을 다하는 때는 언제 오는 걸까요?

'지금 전력을 다하면 손해야.'라고 생각해서 힘을 다 쓰지 않는 것일 테지만, 정말 그럴까요?

다음을 꼭 명심하시기 바랍니다.

항상 '바로 이 순간'이 최선을 다해 자기 안의 힘을 다 쏟아부어야 할 때입니다.

있는 힘을 다 끌어내 모든 것을 쏟아붓고 다 비워냈을 때, 그 안에서 또 다른 번뜩이는 생각과 아이디어가 솟구치는 법입니다. 모든 것을 쏟아붓지 않은 사람에게는 새로운 생각도 떠오르지 않습니다.

신은 태만한 사람을 정확하게 체크하고 있습니다. 위에서 내려다보면 전력을 다하는 사람과 다하지 않는 사람이 눈에 다 보이게 마련입니다.

그러니 자기가 가지고 있는 것을 '지금' 모두 다 쏟아부으세요. 쏟아붓고 비워내면, 새로운 아이디어와 생각, 그리고 새로운 만남과 기회 같은 것들이 문득 찾아오는 때가 옵니다.

22
자존감이 높을 때 도전도 쉬워진다

'저는 마지막에는 반드시 성공할 거예요!'

우리는 이런 강한 믿음을 갖고 있는 사람을 '**자존감이 높다**'고 말합니다.

운이 좋은 사람, 성공을 거머쥔 사람은 이런 자존감이 유독 높다고 할 수 있습니다.

예를 들어 일을 하다 상사에게 크게 혼날 만한 실수를 했다고 칩시다. 이 경우에 자존감이 높은 사람은 '이번에는 실수했지만, 다음에는 그 부분을 고치면 돼. 그러니까 내일은 분명히 더 잘할 수 있을 거야!' 하며 자신을 바로잡는 데 빠릅니다.

그리고 다음 날에도 과감하게 도전하기 때문에 결국 마지막에는 잘될 수밖에 없는 겁니다.

반대로, 자존감이 낮은 사람은 자신을 바로잡는 데 아주 오래 걸립니다.

한 번 실수를 하고 나면 '애초에 나 같은 건 안 돼.', '거봐, 이번에도 실수할 거라고 했잖아.'라며 자기 비하를 하기 시작합니다. 그리고 다음 도전을 할 때까지 시간을 질질 끌면서 고민만 하거나 도전하는 것 자체를 포기하죠.

그러나 이 사실을 잊지 마세요.

지구는 '행동의 별'입니다. 따라서 행동을 해야만 모든 행복과 재수와 운이 들어오게 됩니다.

따라서 운이 좋은 사람이 되려면 몇 번이라도 과감하게 도전해야 합니다.

솔직히 말씀드리면 운세를 높이는 데 **행동하는 것** 말고는 특별한 비법이 없습니다.

또, 자신 안에 '자존감'을 항상 가득 채워놓아야 합니다. 그러려면 무엇을 해야 할까요?

'스스로를 칭찬해야' 합니다. 적절한 타이밍에 남들로부터 칭찬받는 경우는 많지 않기 때문입니다.

그런데 운이 별로 좋지 않은 사람들은 이렇게 생각하곤 합니다.

'누군가가 칭찬해주지 않을까?'

'누군가가 인정해주지 않을까?'

그들은 그렇게 생각하면서 계속 자신만의 껍질 속에 틀어박히죠.

하지만 스스로 알을 찢고 깨서 밖으로 나오려면 반드시 자기 자신을 칭찬해야 합니다.

"나는 말이지, 훌륭해."

"나는 말이지, 대단해."

"나는 말이지, 뭐든 잘해."

"나는 말이지, 마지막에는 꼭 성공할 거야."

하루에도 몇 번씩 이런 말을 하면서 자존감을 높이도록 합시다.

23
상식에서 벗어나면 운이 좋아진다

'성공을 붙잡는 방법'을 공부해도 운이 계속 좋아지지 않는 사람들이 있습니다. 그런 사람의 특징은 '상식을 신경 쓴다는 것'입니다.

'이건 상식에 어긋나.'

'세상의 눈이 신경 쓰여.'

'남들이 어떻게 생각할지 모르겠어.'

이렇게 상식을 일일이 신경 쓰고 있다면, 시간이 아무리 지나도 '진심으로 즐거운 삶'은 살 수 없습니다.

만약 세상의 상식이란 게 맞다고 한다면, 지금 일본에 이렇게나 불행한 사람들이 많지는 않을 겁니다.

그럼, '상식만으로는 행복할 수 없다'는 건 어떤 것을 의미할까요?

이는 '상식이란 것을 다시 한 번 생각해보지 않겠습니까?'라고 하는, 신으로부터 온 알림이라 할 수 있습니다.

'나는 평범한 게 좋아.'라고 한다면 상식을 신경 쓰는 것도 중요합니다만, 만약 '나는 평범함을 넘어서서 특별해지고 싶고, 정말 행복해지고 싶어!'라는 마음이 있다면, 상식을 버리지 않고는 불가능합니다.

'운을 더 좋게 만들기 위해서는 **상식을 뛰어넘는 사고를 한다.**'

이 말을 가슴에 꼭 새겨두고 모든 일에 적용해보세요.

3부

부자의 인간관계

"친절하게 대하는데 왜 관계가 꼬일까?"

7장

자신감

"〈벌벌 떠는 파동〉을 내지 마세요."

24
선에 강해지려면 악에도 강해져야 한다

저의 팬 중에는 매우 상냥한 사람이 많습니다. 상냥하다는 건 큰 장점이죠. 저 또한 그분들이 앞으로도 계속 그렇게 상냥한 사람이 되길 바랍니다.

하지만 세상에는 이 상냥함을 역으로 이용하는 나쁜 사람도 있습니다. 교묘한 말로 상냥한 사람을 속인다든지, 돈을 뺏는다든지 하면서 말이죠.

이런 나쁜 사람들은 〈좋은 사람〉을 얕잡아보고 덤빕니다. '이런 녀석이라면 잘 속일 수 있겠지!', '이런 사람이면 돈을 뺏을 수 있을 거야!'라는 생각으로 접근하는 겁니다.

〈좋은 사람〉이라면, 바로 이럴 때 이 속셈을 눈치챌 수 있는, 머리 좋은 사람이 되어야만 합니다.

상냥한 사람 중에는 학교나 사회에서 상처가 되는 말을 듣거나, 다른 사람들로부터 괴롭힘을 당하는 경우가 많습니다. 이는 상대가 당신을 보고 '이 녀석이라면 뭐라고 말해도 괜찮을 거야.', '마침 화풀이를 하고 싶었는데, 얘를 괴롭혀야겠어.'와 같은 생각을 하고 있다는 뜻입니다.

당신과 같이 착한 사람은 이런 심술궂은 사람들에게 절대로 무시를 당해서는 안 됩니다. 그래서 〈좋은 사람〉일수록 강해져야만 하죠.

'선에 강해지려면 악에도 강해져야 한다.'

이 말의 의미를 아시겠나요? '악에 강하다' 함은 악을 간파하는 힘이 있다는 뜻입니다. 요컨대 나쁜 사람의 생각을 앞질러서 간파하지 않으면 안 된다는 의미죠.

"쟤는 사람이 참 좋아."라는 평가만으로는 살아갈 수 없습니다. 〈좋은 사람〉이라도 악에 약하면 남들에게 얕잡혀 바보 취급을 당하거나, 사기를 당하거나, 괴롭힘을 당할 수 있으니까요.

특히 돈을 뺏기는 경우에는 단지 당신 혼자 괴로운 것으로 끝나지 않는다는 게 더 큰 문제입니다.

예컨대 사기를 당해서 1천만 원을 빼앗겼다고 합시다. 나쁜 사람의 수중에 그 돈이 들어가면, 그 돈은 또 나쁜 일에 쓰이겠죠. 당신이 소중하게 모아온 돈이 결국 나쁜 일에 쓰이는 겁니다. 그렇기 때문에 세상을 위해서도 악을 강하게 만들어서는 안 됩니다.

당신을 깔보고 덤비는 사람에게까지 상냥할 필요는 없습니다. 벌벌 떨면서 상대의 비위를 맞추기를 그만두고, 이제부터 의연한 태도로 맞서세요.

또한, 언뜻 보기에는 친절하지만, 상대를 겁주거나 불안하게 만드는 사람과도 엮이지 말아야 합니다.

세상에는 '신'이라는 말을 함부로 입에 담거나 '점괘'를 빌미로 겁을 주는 사람들이 있습니다. 그리고 그들과의 대화는 대부분 "그러니까, 지금 이걸 사지 않으면 큰일이 난다니까요."라고 끝나죠.

당신에게 필요 이상으로 겁을 준다는 것은 무언가 자신

에게 이득이 있다는 뜻입니다. 그러니 그런 '겁주는 이야기'가 나오면 '어라, 이상한데?' 하며 그 속셈을 간파해내야 합니다.

계속 강조하지만 〈좋은 사람〉이야말로 '사람을 간파하는 힘'을 길러야 합니다. 그것은 당신을 위한 길일 뿐만 아니라, 세상을 위한 길이기도 합니다.

25
거드름을 피우지 말되
무시를 당해서도 안 된다

누구에게나 상냥한 것은 최고의 미덕입니다. 하지만 앞서 말했듯이 상냥한 사람이 가진 최대의 결점은 '사람들에게 무시당하기 쉽다'는 것입니다.

무시당하는 경우라는 건 사람마다 다릅니다. 그 사람이 처한 상황에 따라 달라지는 것이죠.

남편에게 무시를 당해 무슨 일이 터질 때마다 두들겨 맞는 부인이 있는가 하면, 상사에게 무시를 당해서 회사에만 가면 지독한 막말을 들어야 하는 직장인도 있습니다. 초등학생 중에는 같은 반 아이들에게 무시를 받고 따돌림을 당하는 아이도 있고요.

그런데 이렇게 제각각 다른 상황을 한꺼번에 구할 수 있는 '마법의 말'이 있답니다.

'이런 경우에도 통하는 좋은 말이란 게 있기는 한가요?'라고 생각하시겠죠?

하지만 실제로 그런 말이 있답니다.

'거드름 피워서도 안 되고, 무시당해서도 안 된다.'

이 말을 하루에 100번, 자신에게 말해주세요.

이 말을 반복하면, 어느 횟수를 넘어서고 나서부터 굉장한 일이 일어납니다. 어떻게 해야 무시를 당하지 않을지, 그 구체적인 해결책이 갑자기 떠오르거든요.

사람의 두뇌는 자신이 입에 담는 말과 딱 맞아떨어지는 방법을, 현실에서 찾아내도록 설계되어 있기 때문입니다.

당신이 '무시당하면 안 돼.'라고 말할 때마다 뇌는 엄청난 속도로 회전하면서 '어떻게 하면 무시당하지 않을까?'를 생각하고 그 방법을 찾아냅니다. 그러다 문득, 그 방법이 떠오르게 되죠.

남편에게 맞던 부인은 '아이들을 데리고 집을 나가는' 방법을 생각해낼지도 모릅니다. 상사에게 욕 세례를 받던 사람은 '더 이상 욕먹지 않게 실력을 늘리는' 해결책을 떠올릴지도 모르고요. 같은 반 아이들에게 따돌림을 당하던 초등학생은 '부모님께 왕따를 당하고 있다는 사실을 말하고, 같이 학교에 가보는' 솔루션을 생각해낼지도 모릅니다.

어쨌든 이 마법의 말을 하면 당신에게 있어 가장 좋은 해결책이 떠오르게 됩니다.

게다가 이 마법의 한마디 앞에는 '거드름 피워서는 안 된다'고 하는 말이 붙어 있죠. 그래서 거드름을 피우는 것과 같은 싫은 태도를 취하지 않고도, 〈좋은 사람〉인 채 사태를 해결할 수 있게 도와줍니다.

따라서 위의 문장이야말로 〈좋은 사람〉일수록 반드시 기억해야 하는 마법의 말이라 할 수 있습니다.

26
나와 맞지 않는 사람에게까지
상냥할 필요는 없다

〈좋은 사람〉이 무시당하는 원인 중에는 〈벌벌 떠는 파동〉을 낸다는 점이 있습니다.

무슨 말인가 하면, '남들한테 미움받고 싶지 않아.' 혹은 '상대방의 기분을 상하게 하고 싶지 않아.'라는 생각을 하느라 그 사람의 몸에서 항상 〈벌벌 떠는 파동〉이라는 게 나온다는 겁니다.

그리고 실제로 이 〈벌벌 떠는 파동〉을 알아채고 깔보면서 덤비는 사람들이 나타나기도 합니다.

이 파동이 나오지 않게 하려면 어떻게 해야 할까요?

생각보다 간단합니다. '모든 사람으로부터 사랑받지 않아도 괜찮다'고 마음먹으면 됩니다.

〈좋은 사람〉은 '모든 사람에게 상냥하고 싶어.', '모든 사람에게 사랑받고 싶어.'라고 생각하는 경향이 있습니다.

하지만 그것은 〈잘못〉입니다. 자신과 맞지 않는 사람에게도 상냥히 대하고 친하게 지내야만 한다면, 대단히 성가신 일이 되어버립니다.

당신은 당신과 파장이 맞는 사람들하고만 즐겁게 지내면 됩니다.

또한 〈좋은 사람〉 중에는 '나는 평범한 인생으로 족해.', '이 이상 문제를 일으키지 않고 조용히 살고 싶어.'라고 생각하는 경우도 많습니다.

하지만 이런 생각들이 〈벌벌 떠는 파동〉이 되어 더 심한 문제를 불러일으키게 됩니다.

앞서 말했지만, 이 세상에는 '끌려옴의 법칙'이라는 것이 있습니다. 자기가 항상 마음속에 담고 있는 생각이 결국 현실로 끌려오는 것이죠. 따라서 〈벌벌 떠는 파동〉을 내면 실제로도 계속 벌벌 떨어야만 하는 현실을 끌어옵니다.

당신이 오늘 느낀 것, 생각한 것은 우주로 발신됩니다. 따라서 그 일이 실제로도 일어나게끔 되어 있습니다. 여러분은 이러한 '보이지 않는 법칙'이 있음을 잊어서는 안 됩니다.

따라서, 좋은 일을 끌어오고 싶다면 배에 힘을 주고 당당히 외치세요.

'아무리 큰일이 생겨도 괜찮아. 그때마다 나는 그걸 뛰어넘고 영혼을 성장시켜왔으니까!'

이렇게 기합을 넣고 떡 하고 버티는 겁니다.

'파란만장한 일들아! 올 테면 와봐라!'

이렇게 생각할 수 있다면, 이제 됐습니다.

그리고 신기하게도 이렇게 '대비'를 하고 있을 때는 문제가 일어나지 않습니다. 신은 대처할 방법을 제대로 알고 있는 사람에게는 문제가 일어나지 않도록 도와주거든요.

27
상담도 잘못하면 마이너스다

사람들은 〈좋은 사람〉에게 자주 상담을 하러 옵니다.

상담에는 두 가지 종류가 있습니다. 먼저 순수하게 '고민에 관한 해결책을 얻으면 좋겠다'는 의도로 하는 상담이 있지요. 저 또한 이런 생각으로 찾아오는 사람에게는 도움이 될 만한 것을 아낌없이 알려주고 싶어집니다. 그러면 상대 역시 "고맙습니다! 덕분에 도움이 되었습니다."라고 기뻐하며 웃는 얼굴로 돌아가게 되죠.

반면, 다른 종류의 상담은 골치가 좀 아픕니다. 상담이라고는 하지만, 실은 '자기 넋두리와 푸념을 누가 좀 들어주면 좋겠어.', 이런 목적으로 다가오는 것이거든요.

사실 이것은 엄밀히 말해 상담이 아닙니다.

만약 상대가 당신에게 넋두리와 푸념을 늘어놓고 본인은 속이 시원해진다, 그리고 정작 이야기를 들어주는 당신은 피곤해서 녹초가 된다, 그렇다면 이는 당신의 에너지를 상대에게 빼앗기는 꼴입니다.

상대는 당신으로부터 에너지를 뺏어가 자신의 마음을 채움으로써 이야기를 하기 전보다 생기가 돌기 시작합니다. 이것을 저는 '상담이라는 이름의 에너지 도둑'이라고 부릅니다. 상담을 받은 본인은 자기가 '도둑'이 되는 줄도 모르고 이런 행동을 계속하는 것이죠.

기억하세요. 당신은 자신의 소중한 에너지를 상대에게 퍼줄 필요가 없습니다.

상대가 "상담할 게 있어."라고 말하기에 좀 들어봤더니 불평이나 푸념을 하고 있을 뿐이라면, 단호하게 이렇게 말해보세요.

"혹시 '상담이라는 이름의 에너지 도둑'이라는 이야기 알아?"

그리고 지금까지 제가 해드렸던 이야기를 해주세요. 그러면 상대는 문득 자기가 무슨 짓을 하고 있는지 깨달을지도 모릅니다.

마음이 지쳐 있거나 스트레스가 쌓이면 자기 안의 '생명 에너지'가 줄어듭니다. 그런데 이 생명 에너지는 남으로부터 뺏어와서 보충을 할 수도 있습니다. 그리고 그렇게 남에게서 뺏어올 때, 소위 '에너지 도둑'이 되는 것이죠.

하지만 굳이 남에게서 에너지를 뺏지 않아도 생명 에너지를 보충할 수 있는 방법은 얼마든지 있습니다.

예를 들면, 자연을 풍부히 느낄 수 있는 공원을 찾아서 나무와 잠시 접하는 겁니다. 아니면 이른 시간에 일어나 아침 햇살을 받으며 천천히 산보를 할 수도 있고요. 또, 자신을 칭찬함으로써 줄어든 에너지를 보충할 수도 있겠죠. 이런 행동만으로도 줄어든 에너지를 충분히 보충할 수 있습니다.

남에게서 에너지 뺏는 것이야말로 가장 악랄한 에너지 보충 방법입니다. 특히 〈좋은 사람〉일수록 에너지를 뺏기기 쉽기 때문에 이를 꼭 주의하세요.

28
'당당함'도
상대에 대한 서비스다

얼마 전 이가 아파 치과에 간 적이 있습니다. 병원은 매우 깨끗하고 최신 설비도 구비하고 있었지만, 왠지 환자가 한 명도 없었습니다.

그때, 안에서 원장 선생님이 나왔습니다. 사람이 매우 좋아 보이는 의사 선생님이셨죠.

그런데, 자신이 없는 건지 벌벌 떨면서 치료를 하는 것이 아닙니까!

저는 치료를 받고서 이렇게 생각했습니다.

'아, 이래서 이 치과에는 환자가 안 오는 것이구나!'

의사 선생님은 잇몸에 주사를 놓을 때 "어라?" 하고 불안한 듯 말을 하고 고개를 갸우뚱거리더군요. 그러면 환자 입장에서는 '괜찮을까?'라는 걱정이 들고, 매우 불안해질 수밖에 없죠.

의사라면 설사 자신이 없더라도 당당하게 치료를 해야 합니다. 그것이 환자에 대한 서비스이기도 합니다.

〈좋은 사람〉 중에는 겸허하고 겸손한 사람이 많습니다. '내가 하는 방법이 괜찮은 걸까?'라고 망설이거나 불안해하는 일도 많죠.

하지만 일을 할 때 불안함을 얼굴에 나타내서는 안 됩니다. 프로에게는 '당당함' 그 자체가 상대에 대한 서비스이기 때문입니다.

설사 자신이 없어도 괜찮습니다. 그저 자신이 있는 것처럼 당당하게 있으면 됩니다.

아무리 불안해도, 속으로는 벌벌 떨고 있어도 침착하고 당당하게 일하는 것, 그것이 당신의 서비스를 받거나 당신과 함께 일하는 사람에 대한 '배려'이기도 합니다.

8장

변화

"남보다 나를 바꾸려 하세요."

29
'사람은 변하지 않는다'고 각오하면 편하다

인간관계에 대한 고민은 사실 '어떤 것'이 대부분이라 생각합니다. 그 어떤 것이란, '다른 사람이 당신의 뜻대로 되지 않는 것'일 테죠.

예를 들어 자녀가 자신이 권하는 진로와는 전혀 다른 길을 선택해버리는 경우가 있죠. 남편의 '바람기'나 '호색한 기질'이 고쳐지지 않는 경우도 있고요. 연세가 있는 부모님이 몸에 안 좋은 것만 드셔서 암만 주의를 드려도 끝까지 고집을 부리는 경우도 있습니다.

이처럼 다른 사람이 생각대로 되지 않는 사례는 찾아보면 잔뜩 있습니다.

그런데, 이렇게 다른 사람이 생각대로 되지 않는 경우에 "왜 항상 이런 식인 거야?" 하며 하늘에 대고 화만 내는 사람이 있습니다. 반면, '내가 그 사람을 꼭 바꿔보겠어.'라고 의지를 불태우는 사람도 있죠.

그런데 이를 꼭 명심하세요. 어느 경우에도 바꾸고 싶은 상대는 절대로 바뀌지 않습니다. 원래 사람은 남을 바꿀 수 없는 존재이기 때문입니다.

'바꿀 수 있는 건 나 자신뿐이다.'

그렇게 마음을 먹는 쪽이 훨씬 편합니다.

덧붙여 '남을 바꿀 수는 없지만, 바뀌지 않는 이 사람에게 나는 무엇을 해줄 수 있을까?'를 생각하면, 그것이 당신의 영혼에 있어 최고의 수행이 되는 겁니다.

설사 부모자식, 부부간이라도 '상대의 사고방식을 바꾸자!'라고 생각하면 엄청난 에너지를 필요로 합니다.

'이 사람도 이 사람대로 어쩔 수 없겠지. 그럼, 나는 이 사람에게 무엇을 해줄 수 있을까?'라고 생각하고, 이렇게 마음이 유연해져야 비로소 '상대의 장점'이 잔뜩 보이기 시작합니다.

마음이 유연해지면 바로 파동이 변하고, 그로 인해 상대의 파동이 변하기도 합니다. 그리고 기적이 일어나 상대의 마음과 사고방식이 갑자기 변하기도 하죠.

즉, '상대는 바뀌지 않는다'고 마음먹는 것만으로 이러한 기적을 일으킬 수도 있는 겁니다.

30
'착하다'고 해주면
행동이 달라진다

세상에는 이런저런 사람들이 있습니다. 개중에는 심지어 만난 적도 없는 데다 잘 알지도 못하는 주제에 당신의 험담을 하고 다니는 사람도 있지요.

그럴 때면 울컥해서 자신도 그 사람에게 그대로 되돌려 주고 싶기도 할 겁니다. 하지만 당신까지 그렇게 해버리면 험담을 한 사람과 같은 수준이 되어버리고 말죠.

예를 들어 지인에게 "○○ 씨가 네 험담을 하고 다니더라."라는 말을 들었을 땐 어떻게 하는 게 좋을까요?

당신은 이렇게 말하면 됩니다.

"뭔가 착각했거나, 농담으로 그런 게 아닐까?"

"걔는 그런 얘기나 하고 다닐 놈이 아냐. 난 걔를 정말 좋아하거든."

이렇게 절대로 상대의 험담을 인정하지 말아보세요. 그러면 그 말을 전해준 사람은 "너 참 대단한데."라고 할 것입니다. 그리고 험담한 사람에게 가서 "네가 욕한 사람이 너를 칭찬하더라."라고 하겠죠.

그러면 그 사람은 "뭐라고? 나를 칭찬했다고?" 하며 깜짝 놀랄 것입니다.

바로 그때, 기적이 일어나는 겁니다.

'아, 내가 그런 사람을 험담이나 하고, 잘못했네……'라는 생각이 마음속에 들어오면서 본인도 바뀌는 것이죠.

이처럼 사람은 본인을 '착하다'고 인정하고 대접해주면, 비로소 행동이 바뀝니다.

원래 그러한 생명체인 것이지요.

이솝우화 중 〈바람과 태양〉이라는 이야기가 있지요. 바람이 아무리 세게 휘몰아쳐도, 나그네는 절대 코트를 벗지 않습니다.

하지만 태양이 따뜻한 빛을 내리쬐자 어떻던가요? 바람이 불었을 때와는 달리 나그네는 너무나 쉽게 코트를 벗어버리지요.

아시겠어요? 여러분 자신이 그런 '태양과 같은 사람'이 되면 험담을 하는 사람조차도 '착한 사람'으로 변화시킬 수 있습니다.

31
내 주위에
〈좋은 사람〉만 남기는 비법

주변에 '민폐가 되는 사람'이나 '싫은 사람'이 생기면 어떻게 하나요?

대부분은 "내 주변에 이렇게 폐를 끼치는 사람이 있어서 말이야." 하며 남에게 푸념한다든지, 상담을 한다든지 할 겁니다.

그런데, 이런 말을 하기 시작하면 실제로 그런 사람들이 언제까지나 당신의 주변에 맴돌게 됩니다.

계속 강조했듯, 사람은 평소에 자신이 입에 담고 있는 일을 끌어당기니까요.

"쟤는 매번 폐를 끼쳐.", "그 사람이 정말로 싫어졌어."라는 말을 늘 입에 담고 살면 내일도 또 같은 말을 해야만 하는 일이 생깁니다.

그러면 어떻게 해야 할까요?
민폐가 되는 사람이나 싫은 사람을 보고도 이렇게 말해보세요.
"내 주변에는 〈좋은 사람〉밖에 없어."
이렇게 자신의 이상을 몇 번이고 말하면 어느 날 갑자기 기적이 일어납니다. 정말로 〈좋은 사람〉만 남게 되는 것이지요. 또, 싫어하는 사람이 갑자기 사정이 생겨 당신 근처에 못 오게 된다든지 하는 식으로, 어느새 싫은 사람이 사라지게 됩니다.
이것이 '언어가 갖고 있는 마법의 힘'입니다. 저는 항상 이 언어가 부리는 마법을 사용해왔습니다.
지금 현실에서 일어나고 있는 일은 아무래도 상관없습니다. 아무리 싫은 사람이 나타나도 '내 주변에는 〈좋은 사람〉밖에 없어.'라고 말하면 정말로 그렇게 됩니다. 굳이 본인이 나서서 폐 끼치는 사람을 혼내주거나 그들에 대해 불평하지 않아도, 싫은 사람이 저절로 사라지는 것이지요.

그렇게 되느냐 마느냐는 당신이 입에 담는 말 한마디에 걸려 있습니다.

정말로 신기한 일이지만, 이것이 바로 언어가 갖고 있는 마법의 힘입니다. 말이라는 것에 깃들어 있는, 헤아릴 수 없을 만큼 큰 힘이라 할 수 있죠.

32
좋다, 나쁘다가 아닌 '회색지대'를 인정한다

대화를 나누다 보면 때때로 놀라운 얘기를 듣곤 합니다.

"나 벌써 몇 년 전부터 불륜 중이야."

"부모님이 싫어서 몇 년이나 안 봤어."

그런데 이때 속으로 '그건 나쁜 건데.' 하고 흑백을 확실히 판단해버리면, 금세 상대에게 "그런 건 좋지 않아."라고 말하게 됩니다.

그런데 사실 세상에는 흑백을 확실히 나눌 수 없는, '회색지대'가 많이 존재합니다. 또한 사람은 누구나 회색지대를 갖고 있습니다.

사람은 자기가 편한 대로 생각하기 때문에 자신의 회색지대에 대해서는 '어쩔 수 없잖아.' 하면서 넘어갑니다. 반면, 남의 회색지대에 관해서는 '용서할 수 없어!'라고 생각하죠.

그런데, 이렇게 생각하면 주변에 친구들이 점점 사라집니다.

회색지대라고 하는 것은, 실은 낮과 밤을 이어주는 '저녁의 역할'을 합니다. 밝은 낮이었다가 갑자기 깜깜한 밤이 되어버리면 급작스럽게 어두워지니 모두 깜짝 놀라겠지요. 그래서 천천히 어두워지도록 신이 '저녁'이라는 존재를 만들어준 겁니다.

인간관계에 있어 회색지대는 저녁과 같습니다. 즉, '좋은 일'과 '나쁜 일'을 부드럽게 이어주는 역할을 하지요.

이 세상에는 회색지대 덕분에 더 이상 나빠지지 않는 것도 잔뜩 있습니다. 그러니 인간관계에 있어서도 이를 소중히 여기도록 하세요. 자신의 회색지대처럼 친구의 회색지대도 관대하게 받아들이시고요. 그것이 소중한 친구와 오래 사귈 수 있는 비법입니다.

33
부모와 자식은
서로를 모르는 게 당연하다

사람은 원래 자기가 태어날 상황을 골라서 태어납니다. 태어나기 전에 부모와 형제도 자신이 고르게 되는데, 이때 '가장 어려운 수행 상대'를 고르는 경우도 있습니다.

'정말 불편한 타입', '도저히 이해가 불가능한 타입' 등 정신 수행을 위해 굳이 그런 사람을 자신의 가족으로 고르는 것이지요.

평소에 '부모인데 왜 알아주지 않지?' 혹은 '내 자식이니까 알아주겠지?'라고 생각하는 사람들이 있지만, 사실 그들이 몰라주는 건 너무나 당연합니다.

바로 당신의 부모고, 당신의 자식이니까 당신을 모르는

겁니다.

그러니 '가족이니까 서로 알 수 있잖아.'라고 생각하면 괴로워집니다. '가족이니까 서로 알 수 없지.'라고 생각하는 쪽이 더 편하죠.

육친이라고 하는 것은 자기의 정신세계에 있어 가장 어려운 수행 상대입니다. 따라서 서로를 알지 못하는 게 당연합니다. 그렇게 생각하면 훨씬 편한 마음으로 부모, 자식과 만날 수 있습니다.

9장

재능

"단점을 재능화하세요."

34
좀 모자란 면이 있을 때 사랑받는다

어떤 분야에서 성공한 사람이라고 하면 '완벽해서 나무랄 데가 없는 사람'이라고 생각할지도 모릅니다만, 꼭 그런 것은 아닙니다.

물론 개중에는 그런 완벽한 타입의 사람도 있지만, 사실 많은 사람으로부터 사랑받는 쪽은 오히려 '좀 모자란 면이 있는 사람'입니다.

예를 들어 남성의 경우, "나는 여자가 너무 좋아!"라고 솔직하게 공언한다든지, 야한 이야기를 좋아하는 티를 낸다든지 하는 분들이 있지요.

여성의 경우에는 자신의 모자란 부분이나 콤플렉스를 감

추지 않거나, 창피한 실수담을 솔직하게 이야기하는 분들이 있고요.

바로 이런 사람들이 사랑받는다는 이야기입니다.

그럼, 좀 모자란 면이 있는 편이 더 많은 사람으로부터 사랑받는 이유는 무엇일까요? 바로, 사람은 모두 완벽하지 않기 때문입니다.

그렇기에 인간이란 재미있는 존재인 것입니다.

완벽한 사람처럼 보이는데 나사가 빠진 듯한 부분이 있거나 의외의 콤플렉스를 갖고 있을 때, 오히려 상대가 먼저 그것을 숨기지 않고 이야기해주면 어떻던가요?

'뭐야, 나랑 똑같잖아!' 하며 공감하게 되고, 그 사람을 더 응원하고 싶어지지 않나요?

단, 한 가지만 부탁드리도록 하겠습니다.

자신의 모자란 부분을 이야기할 때, 들어주는 사람을 우울하게 만들지는 마세요.

그보다는 유머를 담아 모두가 밝은 분위기에서 들을 수 있도록 이야기하세요. 그럼, 더 멋지지 않겠어요?

36
단정, '이렇고 어떤 것이 이것, 이듯'이다.

제자들로, '환경시장이 어떤 일로 종사하기'에 대해 이야기하고 부르지라도 된다. 이번에 해마다 사장일을 평정하게 됩니다.

바로 "자기 일인 만큼이 있어서 환경시장의 제주 중심이요, 일하고 행동하는 그 부분이, 사업의 사람의 '정정'이라는 것이다.

이들 들을 환경시장이 상세하므로부터 "무기'가 회의 인정한다. "그리고 소설한 사상을은 생각지도 않지. "그리고 소설한 사상을은 생각지도 않지 말". 경제이, 도둑이, 강도 등 생각지도 않는 일 을 합니다. 사소로를 걸맞게 하는 데 주상하며, 남동 을 경제합니다.

경제 함도 정도 공통 주의에 하지 않거든요.

"네 나무 옆이 없고 시끄러워서." 이럼 평등 자주 듣입니다.

"네, 뭐 인기가 필요 될까요."

"네, 이동인 인기는 아주 많이 없어요."

그러자 장재는 생긋, 그 자리를 응시하다가 될 것 같니다.

이하인이 인기나 장재 쪽으로 대답을 한다. 장재는 그, 아, 이 사람들 잘 재미있어요. 라고 생각하고 그리고 신기하게도 장재의 인기이 용승기려 될니다.

마라서 장재로부터 유기가 부족할 들을 때도 아기에, "오, 잘 장동을 해이 된 됩니다.

그럴 때도 그럴 "장사람니다 종자네가 돈이옵소." 이별에 대하여 장재, 그리고 장재 상대 이하이 대다에 독자하는 그 피, 그리고 사 리에는 용공축이 미겠고.

상동적이 장은게 대다에 장장 미필리스 대답할 별 제빠잉니 가빠독쪽 사정으로부터 용은 그리고 당니다. 그리고 필 제빠요서 가빠독쪽 사정은 별 니다.

35
상큼지인 말벌에게서
벗어나다

대인들을 듣고 도망 갔습니다. "자기, 당신 인기 없죠?"라는 질문을 받아들이고 합니다.

그럴 때 바부류은 이렇게 대답합니다.

"아뇨, 당신 말씀이에요."

"아니에요, 저 정말로 인기 없어요."

이렇게 정중하게 대답하죠.

그러니 바로 이게, '진투적인 대답, 대회가 이얼게 진행되지만 진실 재미가 없죠.

양으로는 "자기, 당신 인기 있죠?"라는 질문을 이렇게 대응해보세요.

3부 | 무지의 인간관계 | "친절하지 대들어 왜 생기가 고정가?"

이것이 당신의 자신의 모습을 바꾸고 노력이 있다. 기질 수 없는 때, 성격은 다름이사람으로부터 사람답게 될 가다.

사람은 활발하고 기운 좋게 여러 가지 이야기를 전하는 게 특기고요.

"당신은 상처를 너무 잘 받는 거 같아."라는 말을 많이 들었던 사람은 섬세해서 상처받기 쉬운 사람의 마음을 잘 헤아리는 특기가 있습니다.

그래서 그 사람의 좋은 점을 드러내기 위해서는 그 사람의 장점만 들을 것이 아니라, '그 사람이 항상 꾸중을 들었던 부분'을 들어줄 필요가 있습니다.

사람은 모두 좋은 점을 갖고 있습니다. 이를 발견하면, 그 후로는 그것을 발전시키면 됩니다.

우선은 상대가 갖고 있는 좋은 점을 알아채는 것이 중요하겠죠. 본인이 단점이라고 생각하는 것이 의외로 장점일 가능성이 높습니다.

그리고 그 장점을 누군가가 발견하고 알아주면, 살아가면서 그것을 재능으로 살려나갈 수도 있습니다.

37
핸디캡은 갈고닦을수록 보물이 된다

키가 큰 여성은 대부분 본인의 키에 크게 신경을 씁니다. 제가 "왜 키가 큰 게 싫은데요?"라고 이유를 물으면 "좋아하는 남자가 저보다 키가 작으면 창피해요.", "귀여운 옷이나 하이힐이 안 어울려요."라고 말하지요. 그러면서 납작한 구두를 신고 등을 움츠린 채 걷습니다.

그러나 그런 여성에게 저는 이렇게 말합니다.

"굽이 높은 힐을 신고, 가슴을 펴고 씩씩하게 걸어보세요. 그 편이 훨씬 멋지고 아름답게 보이거든요. 그리고 좋아하는 남자가 자기보다 작아도 신경 쓸 필요는 없어요. 누우면 키 같은 건 모른다니까! 하하하!"

마지막 말은 농담입니다만, 어쨌든 키가 큰 여성이라면 자신의 키를 감추려 해서는 안 됩니다.

그보다 오히려 굽이 10센티미터 정도 되는 하이힐을 신고 거리를 씩씩하게 걸어보세요. 키가 큰 여성이 하이힐을 신고 또각또각 소리를 내며 멋지게 걷는 모습은 눈에 확 띕니다. 그래서 모두가 선망의 눈초리로 바라보게 되죠.

키가 작은 여성은 아주 높은 구두를 신어 봤자, '평균'이 되어버릴 뿐입니다. 이렇게 '보통'이 되는 것으로는 별로 눈에 띄지 않습니다.

그러면 키가 작은 여성은 어떻게 해야 하냐고요? '작다는 점'을 살려야지요. 예를 들어 작은 키의 사람만 입을 수 있는 귀여운 디자인의 옷을 선택하는 쪽으로 사람들의 주목을 받는 겁니다.

이것이 바로 '신이 준 것을 살리는 방법'입니다. 자신이 갖고 있는 것을 갈고닦으면서 눈에 띄게 만드는 것이지요.

이처럼 콤플렉스나 핸디캡은 갈고닦으면 보물이 됩니다.

이는 일에도 적용할 수 있습니다.

저는 태어날 때부터 몸이 약했습니다. 그래서 몸이 약한 사람의 마음을 누구보다 잘 알았죠.

저는 건강해지고 싶어서 별의별 건강법을 다 시험해보았고, 여러 가지 건강법이 적힌 책을 두루 읽었습니다. 그리고 그 경험 전부를 살려서 만든 것이 '마루칸'이라고 하는 회사입니다.

저는 '병약하다'는 핸디캡을 최대한 살려서 마음과 몸의 건강을 추구하는 회사를 만든 것입니다. 신은 그렇게 하기 위해 저에게 '병'이라고 하는 것을 주셨습니다.

즉, 그것은 '신의 선물'이었던 겁니다.

신의 선물은 처음에는 콤플렉스나 핸디캡으로 보이는 경우가 많습니다.

예를 들면 신은 처음부터 우리에게 '우메보시(매실을 소금과 차조기 등에 절인 일본 가정의 대표적인 반찬_역자 주)'라는 음식을 주지는 않았습니다. 매화나무가 되는 매실은 사실 너무 시어서 아무도 먹을 수 없었고, 처음에는 모두 버리던 것이었죠.

그러나 누군가가 '여기에 뭔가 더해보면 먹을 수 있지 않을까?'라는 생각으로 매실을 주워 소금을 묻혀 절였고, 이렇게 해서 만들어진 것이 우메보시입니다.

일단 우메보시가 만들어지자, 그것은 모두가 먹고 싶어 하는 음식이 되었습니다. 주먹밥이나 오차즈케(밥을 차나 맛국물 등에 말아먹는 것으로, 부재료들이 들어가는 경우가 많다_역자 주), 죽에도 빠질 수 없는 음식이 되었고, 도시락에 넣어두면 방부 효과도 누릴 수 있죠.

이렇게 해서, 금세 모두가 필요로 하는 '국민음식'이 된 것입니다.

신은 그렇게 사람들이 궁리하길 원하는 마음으로 '먹기 어려운 것'을 우리에게 내려주었습니다.

그렇다면 신이 당신에게 준 것은 무엇일까요? 그것을 발견하고, 갈고닦아보세요. 나에게 주어진 것을 최대한 살리려 할 때, 신은 당신에게 '행복한 성공'이라고 하는 상을 줍니다.

4부

부자의 운

"실력이 늘었는데 왜 더 이상 안 올라갈까?"

10장

운세

"좋은 것은 따라 하고, 널리 퍼뜨리세요."

38
다른 사람의 성공을
그대로 따라 한다

여기서는 최단시간에 운을 좋게 만드는 비법에 대해 이야기해드리겠습니다.

답은 간단합니다. '이미 성공한 사람이 한 것을 그대로 따라 하는 것'입니다.

원래 '따라 하다([マネる], 마네루_역자 주)'라고 하는 말의 어원은 '배우다([学ぶ], 마나부_역자 주)'입니다.

따라서 성공한 사람을 따라 한다 함은, '최고의 배움'을 뜻합니다.

노파심에 한 가지만 짚고 넘어가자면, 여기서 '따라 한다'는 말의 의미는 '인생과 생활 태도를 따라 한다'는 것입니다. 즉, 남이 만든 상품을 그대로 베끼거나 특허를 따라 하는 것과는 의미가 다릅니다.

지금까지 성공하지 못한 사람에게는 분명히 어떤 이유가 있습니다. 그 사람의 행동이나 사고방식, 사용하는 언어 등 어딘가에 문제가 있기 때문에 성공할 수 없었던 거죠.

그런데, 성공한 사람의 생활 태도를 있는 그대로 따라 해 보면, 지금까지 자신이 해온 〈잘못〉이 무엇인지 알 수 있습니다.

참고로, 이 이야기의 핵심은 '있는 그대로 따라 한다'는 것에 있습니다.

많은 사람이 행하는 〈잘못〉 중에는 '내 방식대로 고쳐서 해야지.'라는 생각이 있습니다. 바로 이것이 실패의 원인이 되죠. '내 방식대로 고치는' 과정에서 지금까지 자신이 해 온 '오류의 에센스'를 첨가해버리기 때문입니다.

성공한 사람이 하고 있는 행동에는 그 사람이 몇 년, 몇 십

년에 걸쳐서 해온 '최고의 형태'가 남아 있습니다. 작은 행동이나 몸짓, 말투에도 깊은 의미와 이유가 담겨 있고요.

그러니 그것을 초심자가 망가뜨려서 따라 하면 잘될 리가 없겠죠.

그래서 따라 한다는 것은 '자아를 버리고 겸허해진다'는 뜻이기도 합니다. 그리고 이를 빨리 해내는 사람부터 재수와 운의 혜택을 듬뿍 받게 됩니다.

39
좋은 것을 퍼뜨릴 때
'행복의 도미노'가 생긴다

누군가 당신에게 '좋은 일'을 가르쳐준다고 해봅시다. 예를 들어 "정말 멋진 책이 있어요.", "이걸 하면 일에 아주 큰 도움이 돼요." 하는 식으로 말이죠.

그렇게 좋은 일을 배운 다음, 자신이 그 일을 직접 행함과 동시에 더 해야만 하는 일이 있습니다.

'가능한 한 많은 사람에게 가르쳐주기.'

저는 이것을 '행복의 도미노'라고 부릅니다.

가르쳐주는 방법은 크게 상관없습니다. 같이 차를 마시며 이야기를 해주는 정도로 해도 괜찮습니다. 혹은 전화 통화를 하다가 용건이 끝날 때쯤 "그러고 보니 말이야……."

하면서 살짝 언급을 해도 괜찮고요.

어쨌든 가능한 한 많은 사람에게 가르쳐준다, 그렇게 해서 행복의 도미노가 계속된다, 이는 매우 중요한 행복 법칙입니다.

좋은 것을 알고 있으면서도 자기 선에서 끊어버리면, 행복의 도미노가 자기가 있는 곳에서 멈춰버리기 때문이지요.

신은 당신이 '대가 없는 사랑의 행동'을 하는지 안 하는지를 지켜보고 있습니다. 그중에서도 '좋은 것을 알았을 때 주변 사람에게도 전하는 행위'는 무엇보다 간단한, 대가 없는 사랑의 한 실천 방법입니다.

좋은 것을 다른 이에게 가르쳐주는 사람이 늘어날수록 이 세상의 행복도 정비례해서 늘어납니다. 그러니 좋은 것을 알게 되면 당신이 바통을 이어받아 행복의 도미노가 생기도록, 많은 사람에게 전파하도록 합시다.

40
마음 한가운데 있는 '나'를 버린다

살다 보면 최선을 다할 작정이었는데 '어쩐지 일이 잘 풀리지 않을 때'가 있지요.

그런데 이는 내 안에 있는 '어떤 것'이 방해를 하고 있기 때문입니다. 그렇다면 이 어떤 것이란 무엇일까요?

바로 '자기 자신'입니다. 즉, 내 안에 '나'가 있는 것입니다.

이게 무슨 뜻이냐고요? 바로, 다음과 같은 생각이 마음속을 차지하고 있는 겁니다.

'내가 더 노력했는데, 왜 저 사람이 더 인정받지?'

'그 사람의 방식은 대단하지만, 나는 못 따라 하겠어.'

즉, '나는', '내가'로 시작하는 이런 류의 생각들이 마음속에 자리 잡고 있는 것을 말합니다.

그런데, 행복해지고 싶으면 먼저 자신을 버리고, '행복한 사람을 따라 해야' 합니다.

부자가 되고 싶은가요? 그러면 자신을 버리고, '부자가 된 사람을 따라' 하세요. 참고로, 그 사람이 돈이 없었을 때부터 부자가 되기까지의 과정, 즉 사고방식과 노력에 주목해서 따라 하는 게 좋습니다. 마찬가지로 운을 좋게 만들고 싶으면 자기를 버리고 '운이 좋아진 사람을 따라' 하면 됩니다.

부자가 되고 운이 좋아지는 데 무슨 특별한 비법이 있는 것은 아닙니다. 위에서 말한 게 전부입니다.

다시 말하지만, 행복해지는 것을 방해하는 건 당신 안에 있는 '나'입니다. '나'를 버리면 눈 깜짝할 새에 행복해질 수 있습니다.

만약 자신 안에 이런 '나'가 있다고 느낀다면 가능한 한 빨리 버리세요. 그것이 당신이 가장 빨리 행복해질 수 있는 길이기도 합니다.

41
'나'보다 '모두'를 우선시할 때
사랑받는다

무슨 일을 하든 자기만 우선적으로 생각하는 사람이 있습니다. 저는 이런 사람을 '아이맨'이라고 부릅니다. 이런 아이맨의 정도가 심해질수록 주위에서는 '대하기 불편하네.', '맞춰주기 힘들어.', '못 쫓아가겠어.'라고 생각합니다.

반대로 뭔가를 할 때, '남을 가장 먼저 생각하는 사람'이 있습니다. 사실 모두가 그런 사람을 좋아합니다. 즉, 다른 이들로부터 사랑을 받죠. 인간관계에 있어 그런 '마법의 법칙'이란 게 있는 것입니다.

아이맨은 여러 상황에서 나타납니다. 예를 들어 사람들 앞에서 뭔가 말할 찬스가 생겼을 때, 꼭 '자기 이야기'만 하는 사람들이 있습니다. '자기 자랑', '상식적이고 고리타분한 이야기'를 하는 것이죠. 그러면 모두가 '빨리 안 끝나나……', '잘난 건 알겠는데 재미없어.'라고 생각합니다.

반대로, '모두에게 도움이 되는 이야기', '모두가 알고 싶어하는 이야기', '웃고 즐거워지는 이야기', '웃기는 실수담' 등을 말하면 모두 몸을 앞으로 빼고 기대하며 듣게 되죠.

왜냐하면 이 이야기에는 '모두를 즐겁게 해야지.'라고 하는 마음이 콘셉트가 되어 담겨 있기 때문입니다.

즉, '나'보다 '모두'가 우선이기에 아이맨의 정도가 약한 겁니다.

주의해야 할 것은 모두를 우선으로 둔다는 게 '남들에게 인정받아야지.'라고 생각하는 것과는 좀 다르다는 겁니다. 단순히 인정받고자 하는 것과 '남을 재미있고, 즐겁게 해야겠다'고 생각하는 것은 닮은 듯하지만, 사실은 다릅니다.

이처럼 당신이 **'모두를 즐겁게 만들자'**는 것을 우선으로 생각할 때, 더 많은 사람으로부터 사랑받을 수 있습니다.

42
최고의 친절이란,
상대가 알기 쉽게 만드는 것

길에서 나눠주거나 벽에 붙은 전단지를 보다 보면, 도통 무슨 내용인지 알 수 없을 때가 많습니다.

'이건 정말 대단합니다!', '이런 식으로 하면 좋습니다!'라는 말이 잔뜩 쓰여 있지만, 정작 가장 중요한 '가격'을 뿌옇게 처리했다든지, 내용을 잘 읽지 않으면 알 수 없도록 해놓는 것이지요.

아마 그것을 만든 사람은 열정을 갖고 만들었을 테죠. 하지만 '전하고 싶은 것'에 초점을 두지 않으면, 읽는 사람 입장에서는 좀처럼 내용을 이해할 수 없습니다.

이것이 정말로 고객에게 있어 친절한 행동일까요?

친절이란, '이해하기 쉬움'을 뜻합니다.

'어려운 내용을 이해하기 쉽게 잘 설명해서 전달한다.', 이것이 상대에게 있어 최고의 친절인 것이지요.

어려운 것을 그냥 어렵게 전하는 사람이 있는데, 그런 사람은 아직 다른 사람에게 말을 전할 수 있는 단계에 이르지 못한 것입니다.

정말로 본인도 납득을 해서 잘 이해하고 있는 상황이라면, 남에게도 아주 쉽게 가르쳐줄 수 있습니다. 말을 전하는 본인도 잘 모르니까 어렵게 설명할 수밖에 없는 겁니다.

일에서 성공하려고 한다면, 우선 '알기 쉽게 전하는 법'을 마음에 새겨야 합니다.

'가게 앞에 붙인 메모는 이해하기 쉬운가, 아닌가?'

'내가 돌린 전단지는 이해하기 쉬운가, 아닌가?'

'가게 이름은 외우기 쉬운가, 아닌가?'

그런 것을 하나하나 생각하는 것이 '프로 정신'입니다.

11장

긍정

"항상 기분 좋은 상태를 유지하세요."

43
걱정은
방어 본능에 불과하다

곤란한 일이 생겨 앞날이 깜깜할 때마다 '지금부터 앞으로 쭉 이 상태가 이어지는 건 아닐까?', '점점 더 나빠지는 건 아닐까?' 하며 끊임없이 걱정하는 사람이 있습니다.

하지만 잘 생각해보면 이건 '아직 일어나지도 않은 일'에 대한 걱정입니다. 즉, '아직 일어나지도 않은 일에 대해서 부정적인 상상을 계속하고 있다'는 뜻이지요.

일어나지도 않은 일을 가지고 나쁘게 생각하면 당신의 소중한 에너지가 점점 소모됩니다. 그리고 그 에너지를 '운을 좋게 만드는 일'에 쓸 수 없게 되죠.

애초에 '걱정'이라는 마음은 나쁜 것이 아니었습니다. 우리가 태어날 때부터 갖고 있는 '방어 본능'이라 할 수 있거든요.

아주 먼 옛날, 인간이 집이라는 울타리 밖에서 살던 시절에는 작은 소리가 나도 맹수에게 습격받지 않도록 서둘러 도망가야 했습니다. 또, 추울 때는 얼어 죽지 않도록 서둘러 입을 거리나 먹을거리를 모아야 했죠.

그러한 '몸을 지키기 위한 본능'이 '걱정이라는 능력'이 되어 지금의 우리에게도 남아 있는 것입니다.

하지만 지금 우리에게는 안전하고 따뜻한 집이 있습니다. 겨울에 입을 것이 없어도 '유니클로(Uniqlo)'나 '시마무라(주로 부동산 가격이 싼 교외에 점포를 가진 의류 체인 스토어로, 패스트 패션으로 인지되는 싼 가격의 의류를 판매한다_역자 주)'에 가면 싸고 좋은 옷이 잔뜩 있지요. 먹을 것을 서둘러 모으지 않아도 편의점에 가면 맛있는 먹거리를 바로 살 수 있고요.

따라서 우리의 마음을 덮쳐오는 걱정이란 건 그렇게까지 심각하게 생각하지 않아도 될 것들이 대부분입니다.

걱정이 많은 사람들은 걱정이 밀려오면 잠을 이루지 못하기도 하죠. 그럴 때는 웃으면서 '나는 말이지, 정말 대단해. 먼 옛날의 방어 본능이 깨어났잖아!'라고 생각하세요.

에너지를 가능한 한 걱정으로 뺏기지 않는 것이 운을 좋게 만드는 비법이기도 합니다.

44
부정적인 말은
에너지를 빼앗는다

"나는 뭘 해도 운이 좋아지지 않아."라며 한탄하는 사람들이 있습니다.

이럴 때는 '원인'을 생각해야 합니다.

그럼, 그렇게 한탄하는 사람들의 운이 좋아지지 않는 이유는 무엇일까요? 바로 '부정적인 말을 자주 사용하고 있다는 점'입니다.

"나는 왜 이렇게 재수가 없지?"

"나는 왜 이렇게 운이 나쁘지?"

"분명히 또 나쁜 일이 일어나겠지."

이런 부정적인 말을 하게 되면 당신의 몸속에서 에너지

가 빠져나가버립니다.

이를 증명하는 재미있는 실험을 한번 해봅시다.

검지와 엄지로 'O'자를 만들어보세요. 그 'O'자가 떨어지지 않도록 손가락에 힘을 꾹 줍니다.

그리고 "재수가 없다, 재수가 없다, 재수가 없다……"라고 계속 말하면서 검지와 엄지를 누군가에게 잡아당기도록 해봅니다.

그러면 신기하게도 검지와 엄지는 '뚝' 하면서 아주 간단히 떨어집니다.

이번에는 반대로 '재수가 좋다, 재수가 좋다, 재수가 좋다…….'라고 반복하면서 누군가에게 검지와 엄지를 잡아당기게 해보세요.

어떤가요? 검지와 엄지에 꾹 힘이 잔뜩 들어가 좀처럼 떨어지지 않을 겁니다.

이것을 'O링 테스트'라고 합니다. 그 사람이 입에 담는 말에 따라 몸에 힘이 들어가는지 빠지는지를 간단히 알 수 있는 방법이죠.

"재수가 좋아."라고 말하는 것만으로 검지와 엄지에 힘이 꾹 들어간다는 건 무엇을 뜻할까요?

그렇게 말하는 것만으로도 몸속에서는 신기한 힘, 즉 재수의 힘이 채워진다는 것을 뜻합니다.

반대로, "재수가 없어."라고 부정적인 말을 하는 것만으로 몸속의 힘이 빠지고 의욕이 사라지게 되죠.

아시겠습니까?

'부정적인 말을 하면서 생활한다'는 것은 '몸속의 힘을 빠지게 하고, 가장 약한 상태로 살아가게 된다'는 것을 뜻합니다.

이런 약한 상태로 살아가면 누가 조금만 신경 쓰이는 말을 하거나, 조금이라도 불안해지는 이야기를 해도 금방 마음이 다쳐버립니다. 그래서 부정적인 생각이 점점 더 증폭되는 겁니다.

그렇기에 말이란 중요합니다.

기분이 우울할 때 "나는 재수가 없나 봐."라고 말하는 것은 간단합니다. 하지만 그렇게 말하는 순간, 몸속의 힘이 점점 빠져나가 '가장 약한 상태'가 된다는 점을 잊지 않았으면 합니다.

반대로 "난 정말 재수가 좋아."라고 말하는 것만으로도 몸속에 힘이 차올라 마음이 튼튼해질 수 있습니다. 그런 상태의 사람에게는 그야말로 '재수가 있는 일'만 계속 일어나게 됩니다.

45

우울한 생각은
'나쁜 영'을 끌어당긴다

'히토리 씨 팬 모임 가게'에 가면 팬들로부터 이런 질문을 받곤 합니다.

"저는 히토리 씨의 책을 읽고 긍정적인 말을 하고 기운 나는 일을 생각하는 게 중요하다는 걸 깨달았어요. 하지만 그래도 기분이 가라앉을 만한 일이 생기면, 그 일을 우울하게 받아들이고, 거기에 빠져서 계속 안 좋게 생각하는 버릇이 있거든요.

그래서 운이 점점 나빠지는 것 같아요. 어떻게 하면 좋을까요?"

사실 어느 누구라도 '우울한 일'에 대해 생각하게 마련입니다. 중요한 것은 '우울한 일을 생각하고 있는 시간에 일어나는 일'입니다.

지금부터 이야기하고자 하는 것은 믿기 힘들 수도 있으니, 믿기 어렵다면 믿지 않으셔도 괜찮습니다.
우울한 일을 오래 생각하면 보이지 않는 세계에서는 말도 안 되는 일이 일어납니다.
앞서 말하기도 했지만, 사실 우리의 주변에는 여러 가지 영이 있습니다. 영이라고 하면 바로 '유령'을 떠올리는 분도 있을 겁니다.
영에는 '좋은 영'과 '나쁜 영', 두 가지가 있습니다. '수호령'이나 '지도령'과 같이 우리를 행복한 방향으로 이끌어 주는 '사랑과 빛의 영'이 있는가 하면, 우리의 발목을 잡고, 우리를 나쁜 방향으로 끌어들이는 나쁜 영도 있지요.
앞서 말했듯, 이 나쁜 영을 '부유령'이라고도 합니다.
부유령이라는 것은 죽어도 영계(靈界)로 가지 못하고 육체를 잃었음에도 아직 이 세상을 계속 떠돌고 있는 영을 말합니다. 이 세상이나 인간에 대해 강렬한 원망이나 슬픔을 갖고 있는 영이기도 하죠.

"항상 웃는 얼굴로 기분을 좋게 하세요."

"밝고 사랑이 담긴 말을 하세요."

"반짝반짝 빛나는 것을 몸에 지니는 게 좋아요."

제가 지금까지 책이나 오디오북에서 위와 같은 말을 해 온 것도 이 부유령에 사로잡히지 않기 위해서이기도 했습니다.

덧붙이자면, '부유령에 사로잡히기 쉬운 사람의 특징'은 다음과 같습니다.

— 시기하고 질투하는 마음이 강한 사람
— 걱정이 많은 사람
— '나만 잘되면 된다'는 생각이 강한 사람
— '지옥 언어(저자가 다른 저서에서도 사용하는 본인의 신조어로 '불평불만, 넋두리, 욕, 재수 없다는 말, 걱정하는 말, 용서할 수 없음'과 같은 말을 뜻한다_역자 주)'를 많이 쓰는 사람
— '다른 사람을 용서할 수 없다'고 생각하는 사람
— 잘 웃지 않고 표정이 어두운 사람

- 야채만 먹거나, 고기만 먹는 등 편식을 하는 사람
- 밝고 파동이 좋은 장소에 가지 않으려는 사람
- 방이 지저분하고 먼지투성이인 사람
- 욕조에 몸을 담그려 하지 않고, 청결함을 싫어하는 사람
- 눈에 띄지 않는 옷을 입고 반짝이는 것을 몸에 지니기 싫어하는 사람

이런 사람은 나쁜 영에 사로잡히기 쉽습니다.

부유령에 사로잡히면 우선 그 사람의 마음에 변화가 일어납니다.

예를 들면 짜증이 나고 화내기가 쉬워져서 다른 사람과 어깨가 좀 부딪친 것만 가지고도 주먹다짐을 하려 하죠.

혹은 '모두가 자기 험담을 하고 있다'는 피해망상이 튀어나오거나, 언제나 멍하니 있고 의욕이 없는 등, 본인에게 일어나는 일을 계속해서 나쁜 쪽으로만 생각하게 됩니다.

또, '끼리끼리 모인다'는 말처럼 부유령이 누군가에게 붙으면, 다른 친구들을 불러들이기도 합니다.

그러니 명심하세요. 그냥 단순히 웃고 넘어갈 문제는 아닙니다. 매우 심각한 상황에까지 이를 수 있거든요.

부유령이 많이 붙어버리면 그 사람의 인생은 악순환을 반복하게 됩니다. 그리고 작은 일 때문에 급기야 자살을 하거나, 되돌릴 수 없는 사건을 일으키기도 합니다.

46
운을 좋게 만들려면 '마음'부터 돌아본다

어떻게 하면 이런 부유령이 붙지 않게 하거나, 자기에게 이미 붙어 있는 부유령을 떨쳐낼 수 있을까요?

바로 '부유령이 붙어 있기 불편한 사람이 되는 것'입니다.

부유령이 붙어 있고 싶어도 붙을 수 없는 사람은 따로 있습니다. 그것은 '기분이 좋은 사람', '항상 웃는 얼굴을 하고 있으며, 사랑이 가득한 말을 하는 사람', '화려한 옷을 입고 반짝반짝 빛나는 장신구를 달고 있는 사람'입니다.

참고로 빛나는 장신구는 그저 단순한 액세서리의 역할만 하는 것이 아닙니다. 그것은 '부적'으로서의 효과도 갖고 있습니다.

부유령은 빛나는 장신구를 아주 싫어합니다. 그래서 이것들을 몸에 꼭 지니는 게 중요합니다.

참고로 꼭 진짜 다이아몬드나 금이 아니여도 괜찮습니다. 1만 원 정도면 길거리에서도 반짝반짝 빛나는 액세서리를 얼마든지 살 수 있죠. 설사 이미테이션을 하고 있더라도 효과는 같습니다.

이런 실천을 하고 있는 '기분 좋은 사람'에게는 부유령이 다가가려 해도 다가갈 수가 없습니다. 그 사람이 내고 있는 파동이 밝고 눈부셔서 그 옆에 갈 수가 없는 것이죠.

'우울한 것을 생각하고 있는 시간'은 단지 그 사람의 마음만 우울한 것에서 끝나지 않습니다. 이처럼 보이지 않는 세계에는 '우울한 파동'을 내보내고 있는 사람을 필사적으로 찾아 헤매는 영들이 있거든요.

이런 부유령의 이야기를 하면 "저한테는 분명히 부유령이 붙어 있겠네요. 뭐든지 우울하게 생각하니까요."라고 말하는 사람도 있습니다.

그런데 자신이 우울하게 생각하는 버릇을 부유령의 탓으로 돌려서는 안 됩니다. 남의 탓을 해서도 안 됩니다. 그보다는 '자신의 생각이 부유령을 불러들인다'는 것을 인정하는 게 중요합니다.

무엇보다도 '자기가 항상 우울한 생각을 하고 있음'을 반성해야 합니다.

그렇게 해서 오늘부터라도 '그래, 이제부터 즐거운 기분으로 살아가자!'라고 마음을 먹으면, 부유령은 그 사람에게 더 이상 붙어 있을 수 없게 됩니다.

개중에는 '당신에게 부유령이 붙어 있다'는 말을 듣고 바로 돈을 들여 '푸닥거리'를 하거나 '무속인'을 찾아가 비는 사람이 있습니다.

그런데 자신의 마음을 바꾸려 노력하지 않고 남에게만 의존하면서 소중한 돈을 없애는 행위 자체가 운이 나빠지는 지름길입니다. 이를 꼭 깨닫길 바랍니다.

운을 좋아지게 하고 싶다면 바로 자기 마음을 되돌아보세요. 마음을 밝고 사랑이 있는 상태로 유지하는 방법을 궁리할 때, 당신의 인생은 점점 좋은 쪽으로 변화합니다.

12장

매력

"〈나에게 있는 것〉에 집중하세요."

47
매력을 드러낼수록 운이 좋아진다

도쿄의 신코이와라는 곳에도 '히토리 씨의 팬 모임 가게'가 있습니다. 거기서 점장을 맡고 있는 간 군(간노 스스무 씨)에 관한 아주 좋은 이야기가 있어 소개하려고 합니다.

간 군을 아는 사람은 다 알고 있지만, 그는 좀처럼 찾아보기 힘들 만큼 '좋은 남자'입니다. 한류 스타 '장근석'같이 잘생긴 데다 성격도 좋고 일도 잘하지요. 게다가 아이들부터 어르신들에게까지, 누구에게나 친절하고 예의바른 청년입니다.

그래서 주변 사람은 모두 그를 아꼈습니다만, 그럼에도 간 군은 힘들다고 생각되는 때가 있었던 모양입니다.

가게의 손님이나 동네 사람들이 본인을 진심으로 좋아해 주고, 누군가로부터 연애편지나 선물을 받는 건 분명 기쁜 일이겠죠. 다만 '스토커'같이 쫓아다니는 여성들이 있다 보니 골치가 아팠던 겁니다. 이런 문제 때문에 간 군은 몹시 힘들어 했습니다.

사실 그에게는 몇 년 전부터 사귀고 있던, '결혼을 약속한 애인'이 있었습니다. 그럼에도 간 군에게는 이렇게 불미스러운 일이 끊이지 않았죠.

그리고 급기야 그는 '이 이상 트러블을 만들고 싶지 않아!'라는 생각으로 가능한 한 눈에 띄지 않게 일을 하게 되었습니다.

저는 그런 그의 마음을 눈치채고, 어느 날 이렇게 말했습니다.

"간 군, 오늘은 중요한 이야기를 하겠습니다. 자신이 가진 매력을 발산하는 일을 그만두면 운까지 나빠진다는 걸 알고 있나요?"

그는 매우 깜짝 놀라는 얼굴을 하더군요. 저는 계속해서 말을 이어나갔습니다.

"간 군이 멋지게 태어난 것은 실은 신이 주신 운명입니다.

멋지게 태어난 사람에게는 멋지게 태어난 사람만의 역할이 있어요.

예를 들면 멋진 남성으로부터 '또 가게에 와주시면 기쁠 거예요.' 혹은 '조금 도와주시면 기쁠 거예요.'라는 말을 듣는 여성들은 매우 기쁘겠죠. 그렇게 멋진 사람이 '빛'을 비추는 것만으로도 많은 여성의 마음을 밝게 만들 수 있습니다. 그것이 멋진 사람에게 주어진 사명이에요.

행여나 스토커같이 구는 사람이 있으면 '저는 애인이 있어서, 죄송합니다.'라고 딱 잘라 거절하면 됩니다. 이렇게 상대에게 상처 주지 않고도 확실하게 거절하는 방법을 생각해내면 되는 거죠.

그렇게 문제가 생기는 것을 지레 걱정해서 자신의 매력을 발산하지 않으면 손님도 오지 않게 되고, 일도 잘 풀리지 않습니다. 그래서 운도 나빠지고요.

그러니까, 멋진 사람은 자신의 멋진 부분을 더욱더 갈고닦아야 합니다.

자신의 매력을 있는 힘껏 발산할 때, 신은 '그걸로 됐어요.'라는 뜻으로 동그라미를 쳐줄 거예요. 그렇게 일도 잘 풀리고, 운도 좋아지는 겁니다."

이 말을 들은 간 군의 얼굴은 확 밝아졌습니다. 그는 매우 순수한 청년인지라 제 말의 의미를 잘 알아주었죠.

지금 그는 전보다 더 생기 있는 모습으로 일하게 되었고, 그의 가게에도 손님들이 점점 늘었다고 합니다.

간 군처럼 '매력적인 남자로 태어난 것'은 신으로부터 받은 운명입니다. 매력적인 남자나 매력적인 여자가 밝은 목소리로 말을 걸어주거나 격려를 해주면 누구나 기뻐하게 마련입니다.

좋은 남자나 좋은 여자에게는 많은 사람의 마음을 밝게 하고 힘을 북돋아야 하는 사명이 있습니다. 하지만 그런 사람들은 인기가 많아서 때로는 다소의 트러블을 경험하기도 하죠. 주변에 스토커같이 쫓아다니는 이성도 있고, '결국 이성을 꼬셔서 이용해먹겠지.'라며 질투하는 동성도 있을 테고요.

그렇다고 이런 저항에 져서는 안 됩니다. 주위의 저항까지도 '자기를 끌어올리는 에너지'로 바꿔보세요.

예를 들면 마쓰다 세코(1980년대에 사회적인 신드롬이 될 만큼 최고의 인기를 누렸던 여자 아이돌 가수_역자 주) 씨는 예전에 많은 여성으로부터 질투를 받은 적이 있습니다. 그녀는 '내숭쟁이'라고 불리기도 하고, 연예정보 프로그램을 떠들썩하게 만들기도 했죠. 그러나 그녀는 결코 자신의 스타일을 바꾸지 않았고, 힘을 빼려고 하지도 않았습니다.

그리고 결국 대스타로 발돋움하였습니다. 자신을 향한 질투까지도 에너지로 바꿔서 지금과 같은 거물이 될 수 있었던 겁니다.

당신도 다른 사람의 질투에 대해 마쓰다 세코 씨처럼 태연하게 반응하면 더 성장할 수 있을 뿐 아니라, 하늘 높이 날아오르게 됩니다.

트러블과 질투가 당신을 공격해도 기죽지 말고 매력을 발산하면서 점점 나아가야 합니다. 그러면 트러블이나 질투의 에너지가 당신을 계속해서 위로, 위로 밀어 올려줄 것입니다.

48
부인이 아름다워지면 '가정의 운'이 좋아진다

아시다시피 여성이라는 존재는 옷이나 화장품 쇼핑을 아주 좋아합니다.

'저게 나한테 어울릴까?', '집에 있는 옷과 맞춰 입으면 예쁘지 않을까?'와 같은 생각을 하다 보면 시간 가는 줄 모르고 푹 빠지게 되지요.

그런데 그럴 때 어떤 남성들은 "빨리 정하면 좋겠는데…….", "전에도 같은 거 샀잖아."와 같은 말을 던집니다.

하지만 여성이 아름다워지는 것은 '그 집의 운'을 좋게 만드는 데 매우 중요합니다. 여성이 아름다워지면 가족 전부가 행복해지거든요.

부인이 아름답고 생기가 넘치면 다른 가족들이 그걸 보고 즐거워할 수 있기 때문입니다. 이는 '집안에 행복의 신이 있는 것'과 같습니다.

부인이 아름답게 하고 있으면 신기하게도 남편의 일도 잘 풀립니다. 그래서 여자는 아름답게 하고 있는 것이 '일'입니다. 게다가 여성은 꾸미는 일을 생각할 때 갑자기 기운이 솟아나기도 합니다.

이와 관련해서 재미있는 에피소드가 있습니다.

교토의 어떤 집에 할머니가 병에 걸렸습니다. 의사가 "오래 가기 힘드실 것 같습니다."라고 했고, 그리하여 할머니는 자리보전을 하고 있었다고 합니다.

어느 날 그 집에 옷가게에서 일하는 사람이 와서 이런저런 옷감을 내놓고 식구들에게 보여주었습니다. 그러자 안에서 누워 있던 할머니가 벌떡 일어나더니, 그 옷감을 보고 "이것도 좋겠네.", "저것도 괜찮은데?" 하면서 기뻐하는 것이 아니겠습니까. 그러더니 장롱에서 돈을 꺼내와 "나, 이 옷감으로 기모노 좀 만들어주시오!" 하며 새로운 기모노를 주문했다고 합니다.

그때부터 할머니는 새로운 기모노를 두근두근하며 기다렸습니다.

그랬더니 이게 웬일입니까. 병이 나아서 건강해졌다는 겁니다!

아시겠습니까? 여성이란 그 정도로 꾸미는 것을 좋아하는 존재입니다. 그러니 남성은 부인이 몰래 원피스 한 벌을 샀다고 화내면 안 됩니다. 여성에게 "이제 옷 좀 그만 사!"라고 하면 일할 마음도 없어지고, 기운도 빠져버린답니다.

집의 운기를 좋게 하려면 부인을 아름답게 만들어서 행복의 신으로 삼아봅시다.

49
타고난 게 별로일수록
가능성은 무한해진다

앞서 말했듯 태어날 때부터 멋지게 태어난 사람은 그 주어진 아름다움을 더욱더 갈고닦아야 합니다.

물론 "저는 안타깝게도 타고난 게 별로여서요……."라고 말하는 사람도 있겠죠. 그런데 사실 그런 사람이야말로 무한한 가능성을 가지고 있다고 볼 수 있습니다.

최근의 연예계를 보면 매우 재미있는 현상이 일어나고 있습니다. 예를 들어 아이돌 세계에서도 독특한 개성을 내세우는 아이돌이 정통파 미소녀를 바짝 쫓아가고 있지요. 또, 개그우먼들도 대활약 중입니다. 예능 프로그램이나 드라마에서도 독특한 연기를 하거나 여성들의 공감을 사는 개그우먼이 정통파 미인 여배우를 능가할 기세로 인기를 모으고 있죠.

이런 현상은 도대체 무엇을 뜻하는 걸까요?

그것은 '태어날 때부터 갖고 있는 게 매력의 전부가 아니다.'라는 것입니다.

개성이 있는 아이돌도, 공감을 끌어내는 개그우먼도 원래부터 많은 이가 주목하는 매력을 갖고 있었던 건 아닐 겁니다.

하지만 자신의 매력을 계속 갈고닦기를 반복하는 사이에 '매력의 상승폭'이라는 것이 생겨났고, 그들을 지켜보던 사람들이 바로 그 지점에서 매력을 느끼게 된 거죠.

이상한 이야기라 생각할지도 모르지만, 원래 갖고 있는 소재가 별로면 별로일수록 변화의 상승폭이라고 하는 것이 커집니다.

그러니까, 매력이라고 하는 것은 '어느 지점에서 어느 지점까지 올라갔다'고 하는, '거리감'을 뜻합니다.

즉, '얼마나 높은 곳에 있는가?'가 아니라, '얼마나 올라갔는가?'로 매력이 정해지는 겁니다.

태어날 때부터 이목구비가 잘생긴 사람은 '어느 정도 올라갔는지'를 알기 어렵습니다. 그러나 밑에서 위로 올라간 사람은 변화가 크기 때문에 그 차이가 큽니다.

그래서 매력 경쟁을 하면 '올라간 거리감', 즉 변화 폭이 더 큰 쪽이 이기는 것입니다.

당신이 만약 '나는 타고난 게 좀 별로인 거 같아…….'라고 생각한다면 그것이 곧 무한한 가능성을 가지고 있다는 뜻입니다.

그러니 자신의 매력을 하나씩 갈고닦아보세요.
자신의 얼굴을 소중히 여기지 않던 사람이 눈썹 정리를 하거나, 크림을 발라 피부에 윤기가 나게 하거나, 입술에 립스틱을 바르는 일, 수수한 옷만 입었던 사람이 핑크색 블라우스나 오렌지색 톤의 원피스를 고르는 일, 걸핏하면 벌벌 떨던 사람이 자신의 생각을 단호하게 말하는 일 등, 이런 식으로 한 개씩 '좋은 점을 더해가는' 게 '매력적인 것'입니다.

전보다 한 발자국, 또 한 발자국 나아가면서 이 과정을 즐기다 보면 점점 멋있어지는 것이지요.

그러니 우선은 하나만 정해서 그것을 갈고닦아봅시다. 자신을 닦으면 닦을수록 당신의 매력은 크고 강해져서 점점 빛이 날 것입니다.

50
〈나에게 있는 것〉으로 무엇을 할 수 있을지 고민한다

불행한 사람들은 '나에게는 이게 없어.', '난 이게 안 돼.'라며 나에게 없는 것에 초점을 두는 경향이 있습니다.

그러나 이제부터는 반대로 해보세요. '나에게는 이게 있어!', '난 이게 가능해!'라며 〈나에게 있는 것〉에 초점을 맞출 때 사람은 행복해집니다.

사람에게는 제각각 '정해진 운명'이라는 것이 있습니다. 자기가 태어난 환경이나 몸의 핸디캡도 그런 것입니다.
그건 '신이 당신에게 준 것'입니다. 사람은 그렇게 신이 준 것으로부터 행복해질 수 있습니다.

포커를 할 때도 주어진 카드 하나하나에 불만을 가져봤자 이길 수 없습니다. 그보다는 '주어진 카드로 어떻게 해야 이길 수 있을까?'를 열심히 고민해야 하죠.

즉, 신이 내려준 환경에서 불평을 말해서는 안 된다는 겁니다.

자신에게 주어진 카드를 갖고 '이렇게 해보자!', '저렇게 해보자!' 하며 여러 가지 방법을 궁리하면서 〈나에게 있는 것〉을 살려나가세요.

자신에게 주어진 카드를 최대한으로 살리려 할 때, 지금까지 상상도 하지 못했던 행복한 기적이 일어납니다.

부 록

사람과 돈을
끌어당기는
마법의 말

부자의 인간관계

사람과 돈을 끌어당기는 마법의 말	사람과 돈을 끌어당기는 마법의 말
'경제의 시대'에서는 반드시 돈 문제를 공부해야 합니다.	돈의 흐름에 '마이너스 파동'이 붙으면, 그때부터는 뭘 해도 빛 해오이는 돌아가지 않습니다.

사람과 돈을 끌어당기는 마법의 말	사람과 돈을 끌어당기는 마법의 말
〈오류〉를 고치면 돈의 흐름은 순조로워집니다.	신은 항상 '이 사람에게 돈을 주면 뭘 할까?'를 생각하며 지켜보고 있습니다.

* 점선을 따라 자른 뒤 지갑, 냉장고, 머리맡 등에 붙여두고, 볼 때마다 읽으면서 마음속 깊이 새겨보세요.

부자의 인간관계

사람과 돈을 끌어당기는 마법의 말 **남에게 돈을 줄 때는 상대의 행복을 빌어주세요.**	사람과 돈을 끌어당기는 마법의 말 **하늘이 내려준 '정당한 욕심'은 갖는 편이 좋습니다.**
사람과 돈을 끌어당기는 마법의 말 **남을 위해 최선을 다한 후 돈을 받으면, 거절하지 말고 감사히 받으세요.**	사람과 돈을 끌어당기는 마법의 말 **돈에 대한 진지한 정도가 그 사람에게 들어오는 '돈의 액수'를 결정합니다.**

* 점선을 따라 자른 뒤 지갑, 냉장고, 머리맡 등에 붙여두고, 볼 때마다 읽으면서 마음속 깊이 새겨보세요.

부자의 인간관계

사람과 돈을 끌어당기는 마법의 말

신기하게도 '지위'나 '명예'에 돈을 쓰면, 돈이 덜 들어납니다.

사람과 돈을 끌어당기는 마법의 말

〈황금의 원 패턴〉을 포착하면 5~6년간 그 패턴을 유지하세요.

사람과 돈을 끌어당기는 마법의 말

주변에서 '이 사람이라면 내 모든 걸 걸고서라도 응원하고 싶어.'라고 할 수 있어야 사람도, 돈도 모입니다.

사람과 돈을 끌어당기는 마법의 말

무엇을 하든 '재미있게 하는 방법'을 연구하면 반드시 성공합니다.

* 점선을 따라 자른 뒤 지갑, 냉장고, 머리맡 등에 붙여두고, 볼 때마다 읽으면서 마음속 깊이 새겨보세요.

부자의 인간관계

사람과 돈을 끌어당기는 마법의 말

'새로운 것'이 도입되면, 그것을 누구보다 빨리 해보세요. 이때야말로 일등을 할 수 있는 기회입니다.

사람과 돈을 끌어당기는 마법의 말

일이란 어쨌든 빠르면 합격, 느리면 실격입니다.

사람과 돈을 끌어당기는 마법의 말

자신이 해온, 늘 하고 있는 일을 스스로 칭찬하면 '칭찬회로'가 만들어집니다.

사람과 돈을 끌어당기는 마법의 말

성공을 손에 넣는 것도 멋지지만, '그다음 일이 무엇인지 생각하는 것'도 멈추지 말아야 합니다.

* 점선을 따라 자른 뒤 지갑, 냉장고, 머리맡 등에 붙여두고, 볼 때마다 읽으면서 마음속 깊이 새겨보세요.

부자의 인간관계

사람과 돈을 끌어당기는 마법의 말

자신 안의 에너지를 모두 쏟아부으면 그 안이 새로운 아이디어로 채워집니다.

사람과 돈을 끌어당기는 마법의 말

신에 강해지고 싶다면, 악에도 강해져야 합니다.

사람과 돈을 끌어당기는 마법의 말

즐거워지고 싶으면 먼저 본인부터 움직이세요.

사람과 돈을 끌어당기는 마법의 말

지구는 '행동이 별'입니다. 따라서 행동을 해야만 행복, 재수, 운이 들어옵니다.

* 점선을 따라 자른 뒤 지갑, 냉장고, 머리맡 등에 붙여두고, 볼 때마다 읽으면서 마음속 깊이 새겨보세요.

부자의 인간관계

사람과 돈을 끌어당기는 마법의 말

'가드름을 피워서도 안 되고, 무시를 당해서도 안 된다'는 말을 반복하면, 문제의 해결책이 떠오릅니다.

사람과 돈을 끌어당기는 마법의 말

바꿀 수 있는 것은 나 자신뿐이므로, 내가 상대에게 무엇을 해줄 수 있을지를 생각하는 게 최고의 수행입니다.

사람과 돈을 끌어당기는 마법의 말

나와 파장이 맞지 않는 사람들에게까지 상냥할 필요는 없습니다.

사람과 돈을 끌어당기는 마법의 말

또로라면 당당하게 일하세요. 당당함도 상대에 대한 서비스이자 배려입니다.

* 점선을 따라 자른 뒤 지갑, 냉장고, 머리맡 등에 붙여두고, 볼 때마다 읽으면서 마음속 깊이 새겨보세요.

부자의 인간관계

사람과 돈을 끌어당기는 마법의 말

상대의 '희새지때'를 인정하고 받아들여야 관계가 오래 지속됩니다.

사람과 돈을 끌어당기는 마법의 말

상대를 깜짝 놀래고 그 자리를 웃음바다로 만드는, '의외의 대답'을 준비하세요.

사람과 돈을 끌어당기는 마법의 말

'착하다'고 인정해주면 그 사람의 행동이 달라집니다.

사람과 돈을 끌어당기는 마법의 말

'가족이니까 서로를 알 수 없다'고 생각하면 삶이 편해집니다.

* 점선을 따라 자른 뒤 지갑, 냉장고, 머리맡 등에 붙여두고, 볼 때마다 읽으면서 마음속 깊이 새겨보세요.

부자의 인간관계

사람과 돈을 끌어당기는 마법의 말

남으로부터 '좋은 일'을 알게 되면, 가능한 한 많은 사람에게 가르쳐주세요.

사람과 돈을 끌어당기는 마법의 말

어려운 것을 알기 쉽게 풀어서 전할 줄 아는 사람을 '프로'라고 합니다.

사람과 돈을 끌어당기는 마법의 말

신의 선물은 처음에는 불쾌(쓸)하거나 헛된 것처럼 보이는 경우가 많습니다.

사람과 돈을 끌어당기는 마법의 말

행복해지고 싶으면 먼저 자기를 버리고, 행복한 사람의 사고방식과 행동을 따라 하면 됩니다.

* 점선을 따라 자른 뒤 지갑, 냉장고, 머리맡 등에 붙여두고, 볼 때마다 읽으면서 마음속 깊이 새겨보세요.

부자의 인간관계

사람과 돈을 끌어당기는 마법의 말

'부유함이 머물기 힘든 사람'이 되고 싶다면, 반짝반짝 빛나는 장신구를 치고 다니세요.

사람과 돈을 끌어당기는 마법의 말

나에게 없는 것보다 〈나에게 있는 것〉에 집중할 때 행복한 기적이 일어납니다.

사람과 돈을 끌어당기는 마법의 말

'걱정'은 그렇게 심각하게 생각하지 않아도 될 것들이 대부분입니다. 그러니, 걱정으로 에너지를 소모하지 마세요.

사람과 돈을 끌어당기는 마법의 말

다른 사람의 저항까지도 자신의 역량을 끌어올리는 에너지로 바꿔보세요.

* 점선을 따라 자른 뒤 지갑, 냉장고, 머리맡 등에 붙여두고, 볼 때마다 읽으면서 마음속 깊이 새겨보세요.

옮긴이 김지영
대학에서 자연과학과 문학을 공부하고, 대학원에서 문헌정보학을 배웠다. 사회, 문화, 예술, 과학, 지역 문제 전반에 대해 두루 차별 없는 관심을 갖고 있다. 특히 일본의 현대 사회와 대중문화에 대한 지속적인 관심을 갖고, 두 나라 간의 소통에서 생기는 오해를 최소한으로 줄이는 것을 목표로 번역에 종사하고 있다.

좋은 사람에게 돈이 모이게 하는 법
부자의 인간관계

초판 1쇄 발행 2015년 6월 19일
초판 16쇄 발행 2024년 2월 1일

지은이 사이토 히토리
옮긴이 김지영
펴낸이 김선식

부사장 김은영
콘텐츠사업본부장 박현미
콘텐츠사업4팀장 임소연 **콘텐츠사업4팀** 황정민, 박윤아, 옥다애, 백지윤
마케팅1팀 박태준, 권오권, 오서영, 문서희
미디어홍보본부장 정명찬
브랜드홍보팀 오수미, 서가을, 김은지, 이소영, 박장미, 박주현
채널홍보팀 김민정, 정세림, 고나연, 변승주, 홍수경
영상홍보팀 이수인, 염아라, 석찬미, 김혜원, 이지연
편집관리팀 조세현, 김호주, 백설희 **저작권팀** 성민경, 이슬, 윤제희
재무관리팀 하미선, 임혜정, 이슬기, 김주영, 오지수
인사총무팀 강미숙, 이정환, 김혜진, 황종원
제작관리팀 이소현, 김소영, 김진경, 최완규, 이지우
물류관리팀 김형기, 김선진, 주정훈, 양문현, 채원석, 박재연, 이준희, 이민운
외부스태프 디자인 김수정

펴낸곳 다산북스 **출판등록** 2005년 12월 23일 제313-2005-00277호
주소 경기도 파주시 회동길 490 다산북스 파주사옥 3층
전화 02-704-1724 **팩스** 02-703-2219 **이메일** dasanbooks@dasanbooks.com
홈페이지 www.dasanbooks.com **블로그** blog.naver.com/dasan_books
종이 스마일몬스터 **출력·제본** 상지사 **코팅 및 후가공** 평창피엔지

ISBN 979-11-306-0565-4 (13190)

- 책값은 뒤표지에 있습니다.
- 파본은 구입하신 서점에서 교환해드립니다.
- 이 책은 저작권법에 의하여 보호를 받는 저작물이므로 무단 전재와 복제를 금합니다.

> 다산북스(DASANBOOKS)는 책에 관한 독자 여러분의 아이디어와 원고를 기쁜 마음으로 기다리고 있습니다.
> 출간을 원하는 분은 다산북스 홈페이지 '원고 투고' 항목에 출간 기획서와 원고 샘플 등을 보내주세요.
> 머뭇거리지 말고 문을 두드리세요.